ANA FLORA ANDERSON
FR. GILBERTO GORGULHO
RAFAEL RODRIGUES DA SILVA
PEDRO LIMA VASCONCELLOS

A HISTÓRIA DA PALAVRA II
Nova Aliança

LIVROS BÁSICOS DE TEOLOGIA
Para a formação dos agentes de pastoral
nos distintos ministérios e serviços da Igreja

DIREÇÃO E COORDENAÇÃO GERAL DA COLEÇÃO:
Elza Helena Abreu, São Paulo, Brasil

ASSESSORES:
D. Manoel João Francisco, bispo de Chapecó, Brasil
Mons. Javier Salinas Viñals, bispo de Tortosa, Espanha
João Batista Libanio, S. J., Belo Horizonte, Brasil

PLANO GERAL DA COLEÇÃO

TEOLOGIA FUNDAMENTAL
1. *Crer num mundo de muitas crenças e pouca libertação*
   João Batista Libanio

TEOLOGIA BÍBLICA
2. *A História da Palavra I*
   Ana Flora Anderson, Gilberto Gorgulho, Pedro L. Vasconcellos, Rafael R. da Silva
3. *A História da Palavra II*
   Ana Flora Anderson, Gilberto Gorgulho, Pedro L. Vasconcellos, Rafael R. da Silva

TEOLOGIA SISTEMÁTICA
4. *Esperança além da esperança* (Antropologia e Escatologia)
   M. Angela Vilhena e Renold J. Blank
5. *A criação de Deus* (Deus e criação)
   Luiz Carlos Susin
6. *Deus Trindade: a vida no coração do mundo* (Trindade e Graça I)
   Maria Clara L. Bingemer e Vitor Galdino Feller
7. *Deus-Amor: a graça que habita em nós* (Trindade e Graça II)
   Maria Clara L. Bingemer e Vitor Galdino Feller
8. *Jesus Cristo: Cordeiro, Servo e Filho de Deus* (Cristologia e Pneumatologia)
   Maria Clara L. Bingemer
8.1. *Sois um em Cristo Jesus* (Eclesiologia)
   Antônio José de Almeida
8.2. *Maria, toda de Deus e tão humana* (Mariologia)
   Afonso Murad

TEOLOGIA LITÚRGICA
9. *O Mistério celebrado. Memória e compromisso I*
   Ione Buyst e José Ariovaldo da Silva
10. *O Mistério celebrado. Memória e compromisso II*
    Ione Buyst e Manoel João Francisco

TEOLOGIA MORAL
11. *Aprender a viver. Elementos de teologia moral cristã*
    Márcio Fabri dos Anjos

DIREITO CANÔNICO
12. *Direito eclesial: instrumento da justiça do Reino*
    Roberto Natali Starlino

HISTÓRIA DA IGREJA
13. *Eu estarei sempre convosco*
    Henrique Cristiano José Matos

TEOLOGIA ESPIRITUAL
14. *Espiritualidade, um caminho de transformação*
    Jesús Castellano

TEOLOGIA PASTORAL
15. *Ide e proclamai a Boa-Nova da salvação*
    Agenor Brighenti

APRESENTAÇÃO DA COLEÇÃO

A *formação teológica* é um clamor que brota das comunidades, movimentos e organizações da Igreja. Diante da complexa realidade local e mundial, neste tempo histórico marcado por agudos problemas, sinais de esperança e profundas contradições, *a busca de Deus* se intensifica e percorre caminhos diferenciados. Nos ambientes cristãos e em nossas Igrejas e comunidades, perguntas e questões de todo tipo se multiplicam, e os *desafios da evangelização* também aumentam em complexidade e urgência. Com isso, torna-se compreensível e pede nossa colaboração o *clamor por cursos e obras de teologia* com sólida e clara fundamentação na Tradição da Igreja, e que, ao mesmo tempo, acolham e traduzam em palavras a ação e o sopro de vida nova que o Espírito Santo derrama sobre o Brasil e toda a América Latina.

Os documentos das Conferências do Episcopado Latino-Americano (Celam) e, especialmente as *Diretrizes Gerais da Ação Evangelizadora da Igreja no Brasil* (CNBB), assim como outros documentos de nosso episcopado, não cessam de evidenciar a necessidade de *formação teológica* não só para os presbíteros, mas também para os religiosos e religiosas, para os leigos e leigas dedicados aos distintos ministérios e serviços, assim como para todo o povo de Deus que quer aprofundar e levar adiante sua caminhada cristã no seguimento de Jesus Cristo. Nossos bispos não deixam de encorajar iniciativas e medidas que atendam a esta exigência primordial e vital para a vida da Igreja.

O documento 62 da CNBB, *Missão e ministérios dos cristãos leigos e leigas*, quando trata da "força e fraquezas dos cristãos" afirma: "... aumentou significativamente a busca de formação teológica, até de nível superior, por parte de leigos e leigas" (n. 34). E, mais adiante, quando analisa o "diálogo com as culturas e outras religiões", confirma: "tudo isso torna cada vez mais urgente *a boa formação de cristãos leigos aptos para o diálogo com a cultura moderna e para o testemunho da fé* numa sociedade que se apresenta sempre mais pluralista e, em muitos casos, indiferente ao Evangelho" (n. 143).

Atentas a este verdadeiro "sinal dos tempos", a Editorial Siquem Ediciones e a Editora Paulinas conjugaram esforços, a fim de prestar um serviço específico à Igreja Católica, ao diálogo ecumênico e inter-religioso e a todo povo brasileiro, latino-americano e caribenho.

Pensamos e organizamos a coleção "Livros Básicos de Teologia" (LBT) buscando apresentar aos nossos leitores e cursistas todos os tratados de teologia da Igreja, ordenados por áreas, num total de dezessete volumes. Tratamos de responder ao grande desafio: proporcionar formação teológica básica, de forma progressiva e sistematizada, aos agentes de pastoral e a todas as pessoas que buscam conhecer e aprofundar a fé cristã. Ou seja, facilitar um saber teológico vivo e dinamizador, que "dê o que pensar", mas que também ilumine e "dê o que fazer". Um saber teológico que, fundamentando-se na Sagrada Escritura, junto com a Tradição, na Liturgia, no Magistério da Igreja e na Mística cristã, articule teologia, vida e prática pastoral.

Cabe também aqui apresentar e agradecer o cuidadoso e sugestivo trabalho didático dos nossos autores e autoras. Com o estilo que é próprio a cada um e sem esgotar o assunto, eles apresentam os temas *fundamentais de cada campo teológico*. Introduzem os leitores na linguagem e reflexão teológica, indicam chaves de leitura dos diferentes conteúdos, abrem pistas para sua compreensão teórica e a ligação com a vida, oferecem vocabulários e bibliografias básicas, visando à ampliação e ao aprofundamento do saber.

Reforçamos o trabalho de nossos autores convidando os leitores e leitoras desta coleção a ler e a mover-se com a mente e o coração pelos caminhos descortinados pelos textos. Trata-se de dedicar tempo à leitura, de pesquisar e conversar com o texto e seu autor, com o texto e seus companheiros de estudo. Aí, sim, o saber teológico começará a penetrar a própria interioridade, a incorporar-se na vida de cada dia, e, pela ação do Espírito Santo, gestará e alimentará formas renovadas de pertença à Igreja e de serviço ao Reino de Deus.

Esta coleção já cruzou fronteiras, colocando-se a serviço de um sem número de pessoas e comunidades eclesiais da América Latina e do Caribe. A palavra do Papa João Paulo II, em sua Carta Apostólica *Novo millennio ineunte* [no começo do novo milênio], confirma e anima nossos objetivos pastorais:

É necessário fazer com que o único programa do Evangelho continue a penetrar, como sempre aconteceu, na história de cada realidade eclesial. É nas Igrejas locais que se podem estabelecer as linhas programáticas concretas — objetivos e métodos de trabalho, formação e valorização dos agentes, busca dos meios necessários — que permitam levar o anúncio de Cristo às pessoas, plasmar as comunidades, permear em profundidade a sociedade e a cultura através do testemunho dos valores evangélicos [...]. Espera-nos, portanto, uma apaixonante tarefa de renascimento pastoral. Uma obra que nos toca a todos (n. 29).

Com as bênçãos de Deus, e seguindo as orientações da Igreja, esta coleção certamente poderá ampliar e aprofundar novas perspectivas evangelizadoras em nosso continente.

ELZA HELENA ABREU
Coordenadora geral da Coleção LBT

Dados Internacionais de Catalogação na Publicação (CIP)
(Câmara Brasileira do Livro, SP, Brasil)

A história da palavra II : teologia bíblica : a nova aliança / Ana Flora Anderson... [et al.]. — São Paulo : Paulinas : Valência, ESP : Siquem, 2005. — (Coleção livros básicos de teologia; 3)

Outros autores: Gilberto Gorgulho, Rafael Rodrigues da Silva, Pedro Lima Vasconcellos
Bibliografia.
ISBN 85-356-1216-5 (Paulinas)
ISBN 84-95385-67-8 (Siquem)

1. Bíblia - História 2. Bíblia - Teologia 3. Bíblia. A.T. - Crítica e interpretação 4. Palavra de Deus (Teologia) I. Anderson, Ana Flora. II. Gorgulho, Gilberto. III. Silva, Rafael da. IV. Vaconcellos, Pedro Lima. V. Série.

05-3628   CDD-220.6

Índices para catálogo sistemático:
1. Bíblia : Teologia 220.6
2. Teologia bíblica 220.6

1ª edição – 2005
1ª reimpressão – 2016

© Siquem Ediciones e Paulinas
© Autores: Ana Flora Anderson, Gilberto Gorgulho,
Rafael Rodrigues da Silva, Pedro Lima Vasconcellos

Com licença eclesiástica (01/05/2005)

Coordenação geral da coleção LBT: *Elza Helena Abreu*
Editora responsável: *Vera Ivanise Bombonatto*
Assistente de edição: *Anoar Jarbas Provenzi*

Nenhuma parte desta obra pode ser reproduzida ou transmitida por qualquer forma e/ou quaisquer meios (eletrônico ou mecânico, incluindo fotocópia e gravação) ou arquivada em qualquer sistema ou banco de dados sem permissão escrita da Editora. Direitos reservados.

Siquem Ediciones
C/ Avellanas, 11 bj. 46003 Valencia – Espanha
Tel.: (00xx34) 963 91 47 61
e-mail: siquemedicion@telefonica.net

Paulinas
Rua Dona Inácia Uchoa, 62
04110-020 — São Paulo — SP (Brasil)
Tel.: (11) 2125-3500
http://www.paulinas.org.br
editora@paulinas.com.br
Telemarketing e SAC: 0800-7010081
© Pia Sociedade Filhas de São Paulo — São Paulo, 2005

PREFÁCIO

A Palavra fez-se história na trajetória do povo de Israel. Os discípulos e discípulas de Jesus vão adiante e afirmam que, na pessoa d'Ele, a Palavra se fez carne (Jo 1,14). Os testemunhos variados das primeiras gerações que viram no homem de Nazaré a manifestação derradeira de Deus na história humana (Hb 1,1-2), ou seja, de sua aliança com a humanidade, formam o Novo Testamento, segunda parte da Bíblia cristã, sobre o qual o presente livro trata. Procuramos aqui oferecer subsídios para sua leitura, de forma a fazer com que os caminhos trilhados pelas gerações que nos precederam no seguimento de Jesus sirvam de referência em face dos desafios que se colocam hoje para o agir cristão.

O presente livro se divide basicamente em duas partes. A primeira, formada pelos três primeiros capítulos, nos conduz ao mundo em que os textos do Novo Testamento surgiram e apontam alguns princípios que nortearão a abordagem propriamente dita dos textos, objetos da segunda parte, composta dos demais capítulos.

Inicialmente, Ana Flora Anderson nos expõe em rápidas linhas como nesses últimos dois mil anos a pergunta fundamental sobre "quem é Jesus" foi respondida de formas distintas, em função dos diversos contextos sociorreligiosos e das necessidades que estes suscitaram. A conclusão é inevitável: nosso tempo tem perguntas e desafios que, lançados à pessoa de Jesus, exigem considerá-lo na sua historicidade, na sua inserção no Israel do primeiro século.

Por isso, o livro prossegue com uma contextualização básica: o cristianismo primitivo e os textos, oriundos dele, que formam o Novo Testamento, surgem num cenário marcado, mais ou menos intensamente, pelo imperialismo romano. Uma constatação fácil de ser feita, mas muito pouco levada em consideração quando se procede à leitura desses livros. Pedro Lima Vasconcellos procura chamar a atenção para esse elemento, decisivo para a compreensão dos textos fundantes do cristianismo. Apresenta, ainda, um rápido panorama sobre os grupos existentes em Israel na época de Jesus, entre outros elementos úteis à leitura dos textos neotestamentários.

Em seguida, Ana Flora Anderson e Frei Gilberto Gorgulho nos apresentam um amplo panorama das comunidades seguidoras de Jesus, no seio das quais surgiram os textos que hoje formam o Novo Testamento. Em meio a caminhos e novos desafios apresentados pelas diversas realidades em que o Evangelho de Jesus se encarnou é que foram surgindo os evangelhos, cartas e Apocalipse. Chamamos a atenção para essa exposição, fundamental para uma leitura qualificada desses textos.

Até aqui teremos como que "circundado" os livros neotestamentários. Com certeza o percurso terá sido necessário, por nos ter apresentado o chão vital dos textos. A partir desse momento passamos à análise dos diversos conjuntos em que eles podem ser divididos. Pedro Lima Vasconcellos e Rafael Rodrigues da Silva propõem uma abordagem do processo de formação dos três primeiros evangelhos, conhecidos como sinóticos. Tudo começa com o movimento liderado por Jesus de Nazaré, abordado nas suas linhas principais de ação e projeto. A seguir, consideram-se os aspectos mais relevantes do processo que levou à fixação por escrito das memórias relativas ao Mestre. Dá-se particular atenção a algumas das formas literárias de que a transmissão dessas memórias se revestiu. Finalmente se oferecem indicações relativas às especificidades das obras conhecidas como evangelho segundo Marcos, evangelho segundo Mateus e evangelho segundo Lucas (e ainda os Atos dos Apóstolos).

Frei Gorgulho nos apresenta, de forma sucinta, a comunidade de cuja trajetória, ao mesmo tempo acidentada e empolgante, surgiram os textos conhecidos como evangelho segundo João e as três cartas de João. A tradição do discípulo amado, materializada nesses escritos, nos revela uma comunidade portadora de uma compreensão peculiar e radical de Jesus, o revelador do Pai, e mostra-a consciente de como o testemunho cristão haverá de se concretizar em meios aos conflitos, internos e externos à mesma comunidade.

Ana Flora Anderson se responsabilizará pela abordagem da trajetória missionária e epistolar do grande apóstolo Paulo, personagem fundamental para os rumos que o cristianismo haveria de tomar. Biografia e cartas vão juntas, e estas se compreendem à medida que são inseridas no quadro das atividades de formação e animação de comunidades no mundo greco-romano, fundamentalmente urbano, a que Paulo se dedicou. São aí estudadas aquelas cartas que, com mais probabilidade, se devem ao projeto evangelizador do Apóstolo das nações.

O capítulo seguinte é destinado a tratar de muitos escritos do Novo Testamento, genericamente chamados de cartas, ainda que alguns deles não o sejam. Consideram-se aqui textos muito variados, desde aqueles que levam o nome de Paulo, mas provavelmente devem sua origem a situações posteriores à morte dele, até o escrito anônimo aos Hebreus, passando por cartas atribuídas a Pedro, Judas e Tiago. Trata-se de textos, alguns deles, pelo menos, pouco conhecidos; mas todos eles de grande importância, pois nos colocam em contato com um momento decisivo na história do cristianismo primitivo: aquele posterior à morte dos apóstolos e testemunhas que acompanharam Jesus, o tempo do desenvolvimento e consolidação das comunidades, suas primeiras tentativas de estruturação interna, tendências aqui e ali de acomodação à ordem social vigente. Caberá a Pedro Lima Vasconcellos apresentar esse panorama ao mesmo tempo amplo e complexo.

O livro se encerra com uma apresentação das linhas gerais do Apocalipse, principalmente a seção compreendida entre os capítulos 12 e 22. É de novo Frei Gorgulho quem nos oferece elementos para uma leitura teológica desse livro misterioso, mas essencial para a compreensão da radicalidade do testemunho cristão na história. Surgido em meio a hostilidades que se abatiam sobre alguns setores das comunidades cristãs da Ásia Menor no final do século I, o Apocalipse propõe um discernimento a respeito da política e da utopia, capaz de sugerir formas de perceber como e o que hoje o Espírito diz às Igrejas (Ap 2–3). No final uma conclusão procura reunir em síntese os aspectos mais relevantes tratados no livro.

Como dizíamos na abertura de *A história da Palavra I,* também este livro foi pensado para ser um instrumento de trabalho a quem procura prestar um serviço mais profundo e qualificado à Palavra nas comunidades cristãs. Para isso, acrescentamos ainda vocabulário e bibliografia básica, para estimular a continuação da reflexão e do aprofundamento. Estamos convencidos de que tomar contato com os caminhos trilhados pelas primeiras gerações de discípulos e discípulas de Jesus é uma experiência ao mesmo tempo fascinante e desafiadora, capaz de sugerir alternativas para refazer a cada dia o testemunho cristão, o que, mais do que nunca, se coloca como tarefa urgente nos dias atuais. As trajetórias das primeiras comunidades seguidoras de Jesus pairam como sinalizadoras das formas de que se haverá de revestir o seguimento do Crucificado nesse início de milênio.

Pedro Lima Vasconcellos

Capítulo primeiro

COMO PODEMOS CONHECER JESUS?

Ana Flora Anderson

Jesus e os discípulos foram para os povoados de Cesaréia de Filipe. No caminho, perguntou: "Quem o povo diz que eu sou?". Os discípulos responderam: "Alguns dizem que o Senhor é João Batista; outros, que é Elias; e outros, que é um dos profetas." "E vocês? Quem vocês dizem que eu sou?" (Mc 8,27-29).

Essa pergunta que Jesus fez há dois mil anos ecoa de século em século para os cristãos de cada geração: Quem vocês dizem que eu sou? Quem é Aquele que curava até as doenças mais temidas da época, trazia os mortos de volta para a vida e libertava as pessoas da dominação do Mal? Por que matar tão cruelmente uma pessoa que andava fazendo o bem para todos? O que significa que ele voltou à vida e continuou a encontrar-se com seus seguidores?

A resposta a essa pergunta não pode ser simplesmente acadêmica. Não há definição teológica que esclareça as perguntas apresentadas a pouco. A resposta deve nascer da fé de um povo cristão peregrino. Existem situações políticas, sociais, religiosas, culturais e até antropológicas e psicológicas que exigem uma resposta aprofundada à antiga pergunta do Evangelho: Quem vocês dizem que eu sou?

Somos os herdeiros de uma grande tradição. Nas Escrituras encontramos a Palavra de Jesus e as respostas de fé dos primeiros cristãos. Herdamos também os escritos dos primeiros Padres da Igreja e dos grandes teólogos da Idade Média. Nos tempos modernos, antes e depois do Concílio Vaticano II, recebemos os livros de grandes teólogos que eram, ao mesmo tempo, pessoas santas e fiéis à tradição.

Agora, quase meio século depois do Concílio, devemos enfrentar novas crises, exigências e desafios. O Espírito Santo exige de cada cristão e da Igreja toda uma resposta cristológica pessoal traduzida tanto em palavras quanto em ações.

Os primeiros cristãos tinham a mesma fé em Jesus, mas havia uma variedade de ênfases na maneira de exprimi-la:

Paulo: Jesus é o Cristo crucificado e ressuscitado;
Marcos: Jesus é o Messias Sofredor;
Mateus: Jesus é o novo Moisés, ele ensina a nova Lei;
Lucas: Jesus, cheio do Espírito Santo, é o Senhor de todos;
João: Jesus é a Palavra de Deus encarnada.

Os escritores do Novo Testamento aprofundaram a cristologia a partir daquilo que Jesus fez no seu ministério e como ele nos salvou. Nos séculos posteriores, os teólogos gregos foram mais ontológicos, isto é, interessavam-se mais em quem era este Jesus que nos poderia salvar? Qual era a relação dele com o Pai? Ele era igual ao Pai? O Concílio de Nicéia afirmou que Ele era verdadeiro Deus, um no ser com o Pai. E o Concílio de Constantinopla definiu que a sua humanidade era genuína e integral.

Na Idade Média, os teólogos mais influentes aprofundaram e explicaram a cristologia dos grandes Concílios Ecumênicos, especialmente o Concílio de Calcedônia.

Nos últimos duzentos anos houve uma revolução nos estudos sobre o Jesus histórico. Até então os evangelhos eram lidos como biografia. A partir daí, os estudiosos começaram a lê-los como teologia. Essa mudança exigiu uma conversão.

1. AS ESCOLAS

Os estudiosos desse campo fazem pesquisa de diversas maneiras. Também eles vêm de tradições religiosas diferentes e com várias ideologias. É bom lembrar os exemplos de quatro exegetas de escolas diferentes que nos últimos anos estudaram o Jesus da história.

O primeiro é Rudolf Bultmann, um luterano existencialista que começou a escrever depois da Primeira Guerra Mundial. Para Bultmann, os evangelhos nos transmitem uma teologia que reflete o que os cristãos pensavam sobre a identidade de Jesus de Nazaré, depois da ressurreição e da rápida expansão de sua mensagem. A experiência do Ressuscitado nas comunidades, durante esses anos, formou a percepção da identidade de Jesus de Nazaré. Assim, para Bultmann, é impossível conhecer o Jesus da história. Só podemos conhecer e crer no Jesus da fé. Bultmann sempre se recusou a ir à Terra Santa, porque ele não queria distrair-se do essencial: a pregação de Jesus.

Numa posição contrária, temos o exegeta John Dominic Crossan. Ele é católico e foi sacerdote durante muito tempo. Além de exegeta é especialista em antropologia, história e literatura antiga. Por meio desses estudos, apresenta-nos Jesus como um camponês judeu da região mediterrânea. Ele chama sua obra de a primeira determinação compreensiva de quem Jesus era, o que ele fez e o que falou! Seu Jesus é um sábio radical que questiona todas as estruturas de seu tempo: políticas, religiosas, econômicas e familiares.

Temos ainda mais dois exegetas e historiadores. O primeiro é Marcos Borg, que nasceu luterano, mas se converteu ao anglicanismo. É um liberal moderado. Estuda o judaísmo antigo e as origens do cristianismo. A visão de Borg sobre o Jesus histórico situa-se entre a de Bultmann e a de Crossan. Seu Jesus é profeta, sábio e, acima de tudo, a encarnação da compaixão e do desejo da inclusão dos excluídos.

O segundo moderado é o Padre John Meier. É um exegeta mais tradicional. Como todo estudioso, é competente em vários campos diferentes. Meier enfatiza que o Jesus histórico não é nem o Jesus da fé, nem o da teologia, nem o Jesus real. O Jesus histórico é o Jesus que se pode conhecer usando os instrumentos científicos da pesquisa histórica.

Em nossa apresentação levamos em conta a crítica desses autores que, nos últimos anos, contribuíram muito para a compreensão de Jesus de Nazaré, em sua origem, cultura e atuação histórica, na Galiléia, e sua paixão e morte em Jerusalém.

2. A BUSCA

O estudo sobre o Jesus histórico começou de maneira mais séria no século XIX. O resultado mais importante foi o livro de Dr. Albert Schweitzer, *A busca do Jesus histórico*, escrito em 1906. Schweitzer apresenta Jesus de Nazaré como um profeta apocalíptico fanático que procura "forçar" a mão de Deus a instaurar o Reino de Deus. Ele chegou à conclusão de que várias palavras de Jesus só teriam validade se o mundo fosse terminar logo (por exemplo, aquelas sobre os lírios do campo, amar o inimigo, oferecer a outra face etc.). Até hoje há exegetas influenciados por essa maneira de ver a atuação e a missão histórica de Jesus de Nazaré.

Em meados do século XX, dois discípulos de Bultmann, Ernst Käsemann e Gunther Bornkamm, afirmaram que a história é importante. Käsemann começa uma nova busca do Jesus da história. Fala-se não mais em "biografias" de Jesus, mas sim na possibilidade de reconstruções da vida e do ensinamento de Jesus de Nazaré. Contudo, a obra desses dois autores permanece mais teológica do que histórica.

Na década de 1990 houve o surgimento de um novo movimento histórico: mais crítico, histórico, arqueológico e com minucioso conhecimento das línguas e da literatura antigas, do contexto cultural, da antropologia e da sociologia. Foi uma fase mais analítica com relação aos dados e documentos que nos levam ao Jesus da história.

Os exegetas de hoje estão de acordo que jamais conheceremos tudo sobre Jesus, aquilo que J. Meier chama de o Jesus real. Contudo, podemos tirar algumas conclusões das pesquisas da década passada:

- a maioria aceita que Jesus, ao anunciar a Vinda do Reino de Deus, era um profeta escatológico no sentido tanto do presente quanto do futuro;
- a maioria aceita que Jesus, com os 12 discípulos, pretendia unir as 12 tribos numa nova relação com Deus;
- a maioria aceita que Jesus era um sábio que tanto ensinava verdades sobre o Reino e sobre a vontade de Deus como interpretava a Torá;
- e a maioria aceita que Jesus era um exorcista e taumaturgo, curando e até ressuscitando mortos.

Este último ponto seria o fator responsável pela atração das massas. São os milagres e os exorcismos que fizeram o movimento crescer durante o ministério de Jesus e depois de sua ressurreição. Na Palestina de Jesus havia muitos profetas, sábios e visionários. Nenhum começou um movimento que durasse e se expandisse como o movimento inaugurado por Jesus de Nazaré, morto na cruz em Jerusalém.

Ao mesmo tempo, essa atividade era a que mais irritava as autoridades religiosas e políticas. Esse poder de Jesus atraía e dava esperança às massas. Surgia de um poder interior e mostrava uma autoridade natural que questionava outras autoridades. Esse é o motivo do fim trágico de Jesus. O profeta, o sábio e o visionário só se tornam perigosos quando o povo acredita neles e os segue.

Resumindo

O mais importante na nossa vida é a nossa fé em Jesus. A história e a teologia deveriam ser os caminhos que nos levam a aprofundar a fé e a crer de maneira cada vez mais madura. O capítulo mostra que desde os autores do Novo Testamento os cristãos procuram, cada qual a sua maneira, chegar ao mistério de Jesus Cristo, homem e Deus. Os Padres da Igreja, os grandes teólogos da Idade Média e os teólogos de hoje nos revelam os seus caminhos para entrar no dinamismo do ato de fé. A tradição é uma grande herança que nos leva à intimidade com Jesus, à compaixão de Deus.

Perguntas para reflexão e partilha

1) Jesus nos faz uma pergunta direta: Quem vocês dizem que eu sou? Por que há variedade de respostas?

2) Por que Padre Meier afirma que o Jesus histórico não é nem o Jesus da fé, nem o da teologia, nem o Jesus real? Qual a relação entre esses aspectos da nossa visão de Jesus?

3) Ao estudar mais o Jesus da teologia e o Jesus da história, você aprofunda a sua fé?

Bibliografia

CROSSAN, John D. *O Jesus histórico*; a vida de um camponês judeu no Mediterrâneo. Rio de Janeiro, Imago, 1994.

MEIER, John P. *Um judeu marginal*; repensando o Jesus histórico. Rio de Janeiro, Imago (vários volumes).

Capítulo segundo

NO TEMPO DOS CÉSARES

Pedro Lima Vasconcellos

Em 63 a.C., tropas comandadas pelo general Pompeu impõem um novo domínio sobre Israel. Depois de assírios, babilônios, persas e gregos, trata-se agora do temível e implacável poder romano, que se implanta de maneira forte, servindo-se do apoio de grupos influentes no interior do país e da força de suas legiões, prontas para agir diante de qualquer sinal de rebelião. Inicia-se mais um longo período de subjugação. Mas também vemos nascerem inúmeras manifestações que mostram que o povo não se abaixou; pelo contrário, fez sua voz e seus anseios se expressarem das mais variadas formas. Por outro lado, em Israel existiam vários grupos políticos e religiosos. Considere-se ainda a dispersão de comunidades judaicas por várias regiões do império. É nesse cenário que nasce Jesus e que vemos serem dados os primeiros passos do cristianismo.[1]

1. GUERRAS EM NOME DA PAZ

"Se você quer a paz, prepare a guerra." O provérbio que circulava em todas as regiões em torno do Mediterrâneo ajuda a entender bem o clima que se implantava em todo lugar em que os romanos impunham seu domínio. Tratava-se de estabelecer a submissão a qualquer custo. A violência corria solta. Multidões de assassinados, escravizados eram as vítimas do terrorismo que Roma implantava sobre as nações que conquistava. E para isso era ajudada pelos poderes locais. Em Israel, um grande aliado de Roma foi o rei Herodes, apresentado pelo evangelho segundo Mateus da mesma maneira que o faraó do Egito, assassino sem escrúpulos (Mt 2,13-18). O historiador judeu Flávio Josefo, que nasceu poucos anos após a crucificação de Jesus, narra extensamente como o poder de Herodes, que reinou de

---

[1] Para maiores detalhes sobre o que vamos tratar neste capítulo, pode-se ler, além do que é sugerido na bibliografia, CROSSAN, John D. *O Jesus histórico*; a vida de um camponês judeu do Mediterrâneo. Rio de Janeiro, Imago, 1993. pp. 37-259.

37 a 4 a.C., se firmou sobre uma violência extrema contra o povo. Entre outras ações, expulsou boa parte da população de suas terras e as entregou a lideranças importantes do império, em troca de apoio. Em conseqüência do êxodo rural daí surgido, mandou restaurar o Templo de Jerusalém, além de outras obras "faraônicas", para dar trabalho a toda essa massa de desempregados. Depois de sua morte o poder foi dividido pelos seus filhos, mas logo a Judéia e a Samaria, e depois a Galiléia, passaram para o domínio direto dos romanos, por meio de procuradores. Pôncio Pilatos, o responsável pela condenação de Jesus à morte de cruz, era um dos procuradores. No tempo de Jesus, a Galiléia ainda era governada por um dos filhos de Herodes — Herodes Antipas, responsável pelo assassinato de João Batista.

2. A CÉSAR O QUE É DE CÉSAR?

A força do domínio romano se manifestava principalmente pela estrutura de cobrança de impostos, base de qualquer poder. E aí se encontra um elemento fundamental para a compreensão da situação de miséria e pobreza em que vivia o povo no tempo de Jesus. O livro dos Atos dos Apóstolos (5,37) menciona um protesto da população contra o recenseamento que os romanos ordenaram fazer (aquele da época do nascimento de Jesus, de acordo com Lc 2,1). O recenseamento era feito com o objetivo de organizar a arrecadação dos impostos.

Mas há ainda mais. Com a presença romana ficou muito mais grave a situação das famílias camponesas. O processo de concentração de terra se acelerou. As parábolas de Jesus permitem perceber muitos aspectos da luta do povo pela vida e pela sobrevivência. Como Jesus chamava a atenção para essas situações, era daí que ele construía seus ensinamentos.

A toda essa situação imposta aos povos dominados os romanos chamavam de paz. A *Pax romana* era construída pelas guerras e massacres, garantida pela escravização dos milhares de vencidos e sustentada pela estrutura econômica, pelos saques e pela imposição de uma justiça que sempre beneficiava os vencedores. O nascimento e, principalmente, a coroação do imperador eram apresentados pela propaganda oficial como a certeza de melhores dias, como um "evangelho" (era esse o termo usado!). Foi achada, há algum tempo, numa localidade da atual Turquia, uma inscrição a respeito do nascimento de César Augusto, o imperador da época do nascimento de Jesus. Chama a atenção a forma de se referir ao imperador:

> *Cada um pode, com razão, considerar esse evento como origem de sua vida e de sua existência, como tempo a partir do qual não nos devemos mais lastimar por ter nascido [...]. A Providência suscitou e engalanou maravilhosamente a vida humana, dando-nos Augusto [...], tornando-o benfeitor dos homens, nosso salvador, para nós e para*

aqueles que vierem depois de nós [...]. O dia do nascimento do deus foi, para o mundo, o começo das boas notícias [evangelhos!] recebidas graças a ele.[2]

A inscrição fala ainda de Augusto como aquele "que fez as guerras cessarem e colocará tudo em ordem [dentro da paz]". Trata-se, obviamente, da paz para os romanos mantida pela guerra contra os povos estrangeiros. Como diz Horácio, o poeta romano de alguns anos antes de Jesus: "Movido por nossas orações, [o deus Apolo] desviará a guerra cheia de lágrimas, a fome lastimável e a peste do povo e do príncipe César para os persas e bretões".[3] Persas e bretões são, entre outros, inimigos que os romanos têm nas fronteiras de seu império e buscam derrotá-los, para garantir, segundo o poeta, a paz de Roma e dos romanos. De toda forma, a conclusão seguinte é mais que acertada: "A Itália e Roma aprenderam aquilo que outros grandes impérios já tinham aprendido antes: um centro imperial pode exportar a sua violência para outro lugar e dar a isso o nome de lei e de ordem, ou até mesmo de paz".[4]

3. RESISTÊNCIAS

Mas há vozes em desacordo, e é importante ouvi-las no intuito de melhor compreender Jesus e os primeiros anos do cristianismo. O historiador Tácito, que viveu no século II d.C., tem uma passagem muito significativa em seu livro sobre *A vida de Júlio Agrícola*. Nela se expressa um general bretão que quer levar seu povo a reagir em face do poderio romano: "Saquear, assassinar, roubar, tudo isso eles [os romanos] designam com o nome falso de soberania, e onde criam um deserto dão-lhe o nome de paz". E mais adiante:

> *Os [nossos] bens transformam-se em impostos, o resultado anual dos campos torna-se contribuições de cereais; os nossos corpos e as nossas mãos, porém, são massacrados com golpes e ofensas na construção de estradas através de florestas e pântanos.*[5]

Esse quadro dramático é o contexto de todo o Novo Testamento.

Evidentemente houve formas em que a resistência à dominação se manifestou, mesmo com toda violência que os romanos utilizavam para reprimir qualquer sinal de protesto. É bastante conhecida a história de Espártaco,

---

[2] Citado em AUNEAU, Jean et alii. *Evangelhos sinóticos e Atos dos Apóstolos*. São Paulo, Paulus, 1986. p. 13. Tais dizeres fazem lembrar o anúncio do anjo em Lc 2, mas neste último texto com relação a um pobre menino nascido numa manjedoura.
[3] Citado em WENGST, Klaus. *Pax romana*; pretensão e realidade. São Paulo, Paulus, 1991. p. 32.
[4] CROSSAN, John D. *O Jesus histórico*; a vida de um camponês judeu do Mediterrâneo. Rio de Janeiro, Imago, 1994. p. 77.
[5] Citado em WENGST, *Pax romana*, cit., p. 79.

que liderou uma rebelião de mais de cem mil escravos, pouco tempo antes de Jesus. Particularmente no meio do povo de Israel, essas manifestações foram inúmeras e intensas. Nesse contexto surgiram Jesus e o cristianismo. Por enquanto é bom constatar, por meio de alguns dados, como o domínio romano manifestou-se sobre a terra e o povo de Israel. Mais uma vez, é pela leitura das obras de Flávio Josefo que vamos encontrar a apresentação da realidade da vida do povo de Israel sob domínio romano. No entanto, é necessário tomar cuidado na leitura, levando-se em conta que ele escreve para os romanos, defendendo-os. De qualquer maneira, é nas obras de Josefo que vamos encontrar as principais informações que nos interessam.

Em vários momentos, a violência romana atingiu os povos dominados. Atingia os corpos, destruía valores e tradições. Josefo conta, por exemplo, que o imperador Calígula (que reinou entre 37 e 41 d.C.), achando que os judeus não o respeitavam o suficiente como divindade (os imperadores se consideravam deuses!), mandou colocar uma estátua sua no Templo de Jerusalém. Milhares de pessoas se postaram diante do Templo para impedir que isso acontecesse; sofreriam o martírio se fosse necessário: "Antes morrer que violar nossas leis", diziam. A estátua não foi colocada e os manifestantes não foram mortos, porque antes o imperador foi assassinado.[6]

Muitas vezes as manifestações de violência por parte dos romanos aconteciam na época das festividades religiosas, especialmente na comemoração da Páscoa, a memória da libertação da opressão do Egito. Todavia, um dos momentos mais marcantes e mais trágicos dessa história foi a destruição de Jerusalém no ano 70 d.C. Foi um fato decisivo, pois a partir daí começou a separação dos seguidores e seguidoras de Jesus em relação ao judaísmo, o qual também vivia a necessidade de se reorganizar depois da catástrofe. A destruição de Jerusalém foi o episódio mais importante de uma guerra que opôs grande parte da população judaica aos romanos, durante cerca de oito anos. Começou em 66 e foi além da destruição de Jerusalém. O último grupo só cedeu entre os anos 73-74, na fortaleza de Massada, preferindo se matar a se submeter.

Essa guerra foi a explosão de um estado de coisas que já se agravava desde pelo menos os tempos de Herodes, antes mesmo do nascimento de Jesus. Flávio Josefo fala de inúmeros movimentos no meio da população que se expressavam de forma a buscar alternativas para a situação deveras delicada. Profetas, líderes de bandos os mais diversos, messias e outros guias populares atraíram para a resistência setores significativos da população insatisfeita. Bandos saqueavam palácios e celeiros; profetas anuncia-

---

[6] A importância de ações como essas para a compreensão da ação de Jesus e de seus primeiros seguidores e seguidoras pode ser conferida em CROSSAN, John D. *O nascimento do cristianismo*; o que aconteceu nos anos que se seguiram à morte de Jesus. São Paulo, Paulinas, 2004. pp. 323-324.

vam o fim da Jerusalém corrompida e a recriação do êxodo libertador, evocando a figura e a ação de Moisés; messias recuperavam a memória de Davi e Salomão e se proclamavam "rei dos judeus".

A guerra que opõe dramaticamente vastos setores do povo judeu aos romanos (66-74 d.C.) foi, no fim das contas, resultado de muita repressão e da situação de miséria que se agravava cada vez mais. O massacre era generalizado. Ao descrever a dramática cena de quando finalmente os romanos conseguem entrar em Jerusalém, Josefo narra que aqueles que fugiam, ao serem apanhados, eram então "açoitados cruelmente depois da peleja, e atormentados de muitas formas antes de morrer, eram finalmente pregados numa cruz que estava diante da muralha". Os prisioneiros crucificados eram, por dia,

> quinhentos, e ainda muitas vezes mais [...]. Os soldados romanos crucificavam os judeus de diversas formas; com ira e com ódio, faziam-lhe muitas injúrias; já haviam tomado tanta gente, que faltava lugar para pôr as cruzes, e ainda faltavam cruzes para tantos que havia.[7]

Houve também outra guerra dos judeus contra os romanos, a qual terminou com a destruição definitiva de Jerusalém e a dispersão dos judeus pelo mundo no ano de 135 d.C.

4. GRUPOS E CORRENTES RELIGIOSAS EM ISRAEL

No tempo em que Jesus nasceu e em que o cristianismo surgiu, a terra de Israel estava marcada pela ação de vários grupos organizados, alguns mais atuantes, outros menos; uns com grande poder em meio aos romanos, outros com forte penetração popular. Vale a pena passar rapidamente pelos mais importantes.

Os saduceus formavam o partido da aristocracia, tanto sacerdotal como leiga. Os sacerdotes pertencentes a esse grupo julgavam-se descendentes de Sadoc (daí o nome "saduceu"), sacerdote que vivera no tempo de Davi e Salomão. Tratava-se de um partido centrado em Jerusalém e no Templo. Os sumos sacerdotes normalmente eram escolhidos dentre eles. Davam lugar especial à Torá de Moisés. Não acreditavam na ressurreição (veja Mc 12,18-27). Estarão por detrás do processo que culminará na morte de Jesus; as referências dos evangelhos aos "chefes dos sacerdotes" e "anciãos" de Jerusalém são provavelmente alusões aos saduceus, que desaparecem depois do ano 70, com a destruição de Jerusalém.

---

[7] FLÁVIO JOSEFO. *Las guerras de los judios*. Barcelona, Clie, s.d. t. II, pp. 181-182.

Dos herodianos (veja Mc 3,6; 12,13) pouco se pode dizer, senão que se tratava de um grupo de funcionários e assessores do rei Herodes da Galiléia (a região ao norte de Israel, onde viveu Jesus).

Já os fariseus são um grupo muito numeroso; Flávio Josefo diz que no tempo de Herodes — aquele da época do nascimento de Jesus — os fariseus eram cerca de seis mil. Possivelmente eles eram os continuadores da ação de um grupo de nome "assideus" (os "piedosos"), mencionado em 1Mc 2,42, feito de pessoas extremamente dedicadas à observância da Torá de Moisés. Com efeito, o que caracteriza os fariseus é sua dedicada atenção aos detalhes da Lei de Moisés, bem como às tradições dos antepassados. Ao contrário dos saduceus, criam na ressurreição dos mortos, o que era motivo de controvérsia entre os dois grupos (At 23,8). Depois da destruição de Jerusalém, os fariseus tiveram um papel importante na reconstrução da vida social e religiosa de Israel, o que repercutiu de maneira decisiva na redação de alguns dos evangelhos do Novo Testamento.

Também os essênios poderiam ser descendentes dos "assideus". Mas, ao contrário dos fariseus, que tinham presença significativa no seio da sociedade judaica, os essênios, ou ao menos alguns deles, viviam retirados. Ao que parece foram eles os fundadores da comunidade de Qumrã, cuja biblioteca foi encontrada em 1947, revelando preciosidades do mundo social, político e religioso do tempo de Jesus. Ao menos os essênios dessa comunidade (pois havia também os espalhados em Israel) dedicavam-se ao estudo da Torá e sua observância cuidadosa (de forma mais rígida que os fariseus), e os cultos que aí realizavam substituíam aqueles que aconteciam em Jerusalém. Tanto essênios como fariseus apostavam na vinda do messias, expectativa não compartilhada pelos saduceus.

Cada um desses grupos tinha seus escribas, isto é, mestres conhecedores da Escritura, capazes de copiá-la e/ou de explicá-la.

Vale ainda comentar algo a respeito dos samaritanos, os habitantes da região central de Israel e que dá nome ao grupo: Samaria. Sua relação com os judeus era problemática (veja Jo 4,9), o que se manifestava claramente pelo fato de terem construído um templo a Javé no monte Garizim, rivalizando com o de Jerusalém. Também aceitavam apenas a Torá de Moisés (numa versão modificada em alguns versículos) como livro sagrado. O messias que deveria vir, segundo os samaritanos, seria um profeta nos moldes de Moisés (veja Jo 4,25).

Esse quadro que acabamos de desenhar vale principalmente para os anos anteriores à guerra dos judeus contra os romanos. Depois dela, o quadro se modifica substancialmente. Quase todos os grupos desaparecem; a exceção notável são os fariseus. Jesus viveu e o cristianismo nasceu antes da guerra. É depois dela que os evangelhos são escritos (à exceção, talvez, do evangelho segundo Marcos).

5. FORA DE ISRAEL

É importante ainda considerar, nessa apresentação histórica do contexto em que nasceram Jesus e o cristianismo, que havia mais judeus fora de Israel, espalhados por tantas cidades e regiões do Império Romano, que em sua própria terra. Viviam, como se dizia então, na "Diáspora", ou seja, na dispersão. Esses grupos judeus já há um bom tempo estavam em contato com outras culturas, particularmente a grega, manifestada de tantas formas, como a língua (o Novo Testamento foi todo escrito em grego), costumes (freqüência a teatros e a competições esportivas) etc. Nesse contexto era menos importante a expectativa pela vinda de um messias. De toda forma, é importante levar em conta esse contexto para compreender a missão de Paulo nas cidades da Grécia e da Ásia Menor e a redação do Apocalipse, endereçado a comunidades dessa última região (Ap 2–3).

6. CONCLUSÕES

Nossa insistência no sofrimento causado pela dominação romana sobre Israel se deve a três razões principais. Em primeiro lugar, porque ela é muito pouco mencionada ou conhecida. Quando se estuda história, normalmente se aprende a visão que vem dos vencedores. Sobre os romanos, sabemos que foram grandes conquistadores, formaram o maior império da Antigüidade, mas bem pouco pensamos com que custo tudo isso foi construído. O Arco do Triunfo de Tito, monumento que está em Roma, traz exatamente os nomes dos incontáveis judeus que foram assassinados depois da guerra. Por outro lado, é bem verdade que para alguns setores (com certeza a minoria) o domínio romano representou bem-estar, riqueza, segurança etc. Resta saber quem se beneficiou e quem perdeu com ele. A experiência dos grandes comerciantes, dos latifundiários e dos senadores com certeza era muito diferente daquela feita pelos milhares de escravos e escravas que povoavam as grandes cidades do Império Romano.

E aí vem a outra razão. Qual foi a experiência que fizeram Jesus e seus primeiros seguidores e seguidoras, neste contexto, dentro e fora de Israel? Jesus foi morto na cruz por ordem romana, e o motivo da condenação teve a ver com a acusação de ser "o rei dos judeus" (Mc 15,26). E os inícios do cristianismo vão na mesma direção; aliás, o grande desafio dos primeiros cristãos acabaria sendo proclamar Jesus, levar adiante seus ensinamentos, após a morte que Ele teve. O cristianismo nascente surge nas periferias do sistema e a maioria dos textos do Novo Testamento mostrará essa reserva em face do poder romano. Especialmente o Apocalipse, com suas figuras e símbolos, em várias passagens vai fazer a denúncia da violência e da monstruosidade da dominação que os romanos impunham "a todas as nações". Com tudo isso estamos querendo dizer que, para uma boa leitura do Novo Testamento, que já estamos começando, é muito importante saber de que ponto de vista se lê a realidade, não só a do passado, mas também a dos dias atuais. A cruz de Jesus é sinal eloqüente do ponto de vista originário a partir do qual o cristianismo se insere no mundo dominado pelo imperialismo romano.

Por outro lado, tomar contato com os grupos judeus existentes dentro e fora de Israel é fundamental para a compreensão de detalhes fundamentais dos textos do Novo Testamento, como os próximos capítulos tratarão de mostrar. É do interior do judaísmo que por múltiplos e complicados processos o cristianismo surgirá e se desenvolverá.

Resumindo

O cristianismo surge em um contexto muito específico de dominação imperial romana e de resistência de setores significativos da população a ela. De várias formas a violência da repressão romana se abateu sobre Israel, seu povo e sua religião no tempo em que o cristianismo ensaiava seus primeiros passos. Considerar esse cenário é de fundamental importância para que os livros do Novo Testamento possam ser abordados de forma adequada, como textos que falam a comunidades concretas, feitas majoritariamente de gente pobre e marginalizada.

Perguntas para reflexão e partilha

1) Qual a importância de considerar o imperialismo romano quando se lêem os textos do Novo Testamento?

2) Há algum sentido especial no fato de a morte de Jesus ter sido por crucifixão?

3) Tem alguma importância a afirmação "Jesus é judeu"?

Bibliografia

ARENS, Eduardo. *Ásia Menor nos tempos de Paulo, Lucas e João*; aspectos sociais e econômicos para a compreensão do Novo Testamento. São Paulo, Paulus, 1997.

CROSSAN, John D. *O Jesus histórico*; a vida de um camponês judeu do Mediterrâneo. Rio de Janeiro, Imago, 1994 (particularmente o capítulo 2: "Guerra e paz").

HORSLEY, Richard A. & HANSON, John S. *Bandidos, profetas e messias*; movimentos populares no tempo de Jesus. São Paulo, Paulus, 1995.

KÖSTER, Helmut. *Introducción al Nuevo Testamento*. Salamanca, Sígueme, 1988. pp. 27-490.

LOHSE, Eduard. *Contexto e ambiente do Novo Testamento*. São Paulo, Paulinas, 2000.

MEIER, John P. *Um judeu marginal*; repensando o Jesus histórico. Rio de Janeiro, Imago, 2004. v. 3, t. 2.

MESTERS, Carlos. Os profetas João e Jesus e outros líderes populares daquela época. *Revista de Interpretação Bíblica Latino-Americana* 1 (Petrópolis, 1988), pp. 72-80.

WENGST, Klaus. *Pax romana*; pretensão e realidade. São Paulo, Paulus, 1991.

Capítulo terceiro

AS COMUNIDADES CRISTÃS PRIMITIVAS

Frei Gilberto Gorgulho, op
Ana Flora Anderson

A finalidade deste capítulo é apresentar o roteiro da vida das comunidades cristãs que mais influenciaram na formação do Novo Testamento. Elas realizam a passagem do mundo rural da Palestina para o mundo urbano greco-romano. Essa passagem engloba o Oriente, o Norte da África e a Ásia Menor até chegar à Europa.

É a marcha das comunidades que constituem o povo de Deus. A variedade de culturas criou uma diferença de tendências e causou conflitos internos e externos neste processo de inculturação. Criou também diversos modelos eclesiais. No meio dessa diversidade, o Corpo de Cristo constrói-se na unidade de uma só fé, de um só batismo e de um só Espírito.

Salientamos a identidade e a unidade que constituem a comunhão dessas comunidades. Na diversidade e nos diversos conflitos culturais, surge e se expande a Igreja, Corpo de Cristo. É a vida da Igreja como a nova criatura, o homem novo. Na comunhão em Cristo, não pode haver dominação e discriminação (Gl 3,28). É a vida do Israel de Deus libertado da Lei. Ele vive na força do Espírito que recebe de Cristo Ressuscitado. É a vida na unidade como afirma a carta aos Efésios:

> *Já não sois estrangeiros e forasteiros, mas concidadãos dos santos e membros da família de Deus. Estais edificados sobre o fundamento dos apóstolos e dos profetas, do qual é Cristo Jesus a pedra angular. Nele bem articulado, todo o edifício se ergue em santuário sagrado no Senhor, e vós também, nele sois co-edificados para serdes uma habitação de Deus, no Espírito (2,19-22).*

O primeiro fato que chama a atenção, desde as origens, na Palestina, é a diversidade de comunidades e de movimentos missionários que marcaram os dez primeiros anos do cristianismo. É a fase anterior aos anos 40. É o início da atividade missionária de Paulo (Atos 13–15). Os seguidores de Jesus de Nazaré aparecem em grupos diversos e começam a expansão de sua nova fé:

— O movimento começa na Galiléia. Enraíza-se no ministério de Jesus. Segundo a fonte *Quelle* (a mais antiga fonte dos evangelhos), ele anunciava a vinda iminente do Reino de Deus. E sua missão percorreu as aldeias da Galiléia. Depois, pela experiência da Ressurreição, feita por discípulos e discípulas, especialmente Pedro (1Cor 15,3-8) e Maria Madalena (Mc 16,1.7), a vida das comunidades na Galiléia continuou sendo mencionada nos anos 90 quando Lucas escreve os Atos dos Apóstolos (9,31).

— Há um movimento missionário palestinense. O desenvolvimento da fonte *Quelle* possibilita entrever a identidade desses grupos e seu crescimento. Até porque ela se apresenta como a memória dos missionários enviados por Jesus para anunciar a vinda do Reino de Deus (Lc 9,57-62; 10,1-16). É o instrumento principal dos primeiros missionários. A fonte mostra que os primeiros pregadores caracterizavam-se por uma ética de abandono da família e dos bens para seguir a realidade presente do Reino de Deus inaugurado por Jesus de Nazaré. Antes de ser integrada nos evangelhos de Mateus e de Lucas, a fonte *Quelle* foi a expressão de um movimento popular na Galiléia, o qual procurava a libertação de Israel e se opunha às instituições de dominação. A sua cristologia e a de Jesus-Profeta, Sabedoria-Sofia e o Filho do Homem, procuravam a libertação do povo e criticavam profeticamente as autoridades de Jerusalém.

— Há um judeu-cristianismo em Jerusalém (At 1–5). Ele se liga, primeiramente, aos Doze (At 1,14), às mulheres e aos irmãos de Jesus (parentes próximos). Depois se firma na figura de Tiago. Consolida-se na sua tendência de observância da Lei Mosaica. O grupo de Tiago manifesta-se em Antioquia (Gl 2,12) e na Galácia (Gl 3,2). O evangelho de Mateus, em Antioquia, fará a síntese libertadora, anunciando Jesus Emanuel como o princípio da Nova Aliança e da missão entre todas as nações.

— Há um grupo de helenistas. Lucas o menciona em uma fonte que vem de Antioquia (At 6,1-8,3). Está na base da missão entre os gentios. Depois, absorvem-se nas comunidades que se inculturam na Ásia Menor (At 18).

— A entrada dos pagãos nas comunidades, desde a fundação da Igreja em Antioquia, marca uma etapa decisiva no cristianismo primitivo. Há o grande conflito sobre a Lei ou a fé em Cristo como único caminho de salvação (At 15; Gl 1–2).

— O conflito é trazido pela gente de Tiago, da comunidade de Jerusalém (Gl 2,11-14). Pedro tem um papel central na crise e no consenso procurado. É um momento decisivo no qual a identidade cristã surge com clareza. Pela primeira vez o grupo é claramente denominado de cristãos (At 11,26).

— As missões de Paulo (At 13–14) inauguram o movimento de expansão para o Ocidente. Inicia-se a fase de inculturação no mundo greco-romano com sua cultura, ética, religião e movimentos culturais. A vitalidade desse movimento aparece nas cartas autênticas de Paulo (1 Tessalonicenses,

Gálatas, 1 e 2 Coríntios, Romanos, Filipenses, Filêmon) e, depois, nos escritos da terceira geração cristã, no período pós-apostólico, como em Lucas e no livro do Apocalipse (1-3; 12-15).[1]

1. AS DIVERSAS IGREJAS

Essas comunidades cristãs procuravam viver a realidade da Nova Aliança, na qual não existem mais dominações e separações, mas, ao contrário, reciprocidade completa no amor entre sexos, raças e condições sociais diversas e diferentes (Gl 3,28ss.). A identidade e a unidade dessas comunidades variadas vêm da força generativa e estruturante do Evangelho, que é a força de salvação para todo aquele que crê, tanto judeus como gentios (Rm 1,16-18). A nova criatura é a Nova Aliança vivida concretamente nas comunidades.[2]

No começo de seu ministério, na sinagoga de Nazaré (Lc 4,16-21), Jesus lança um projeto profético popular inspirado na escatologia apocalíptica dos pobres segundo Isaías 60–62. Esse projeto busca a reconstrução do povo de Deus a partir não das estruturas da Lei e do Templo, mas da reconstrução e libertação do próprio povo. O projeto começa nas aldeias, nas casas e nas relações cotidianas de um povo que espera a vinda do Reino de Deus.

Depois da morte e ressurreição de Jesus, o grupo de discípulos e de discípulas vive da memória de suas palavras e da certeza de sua presença no meio das comunidades que se agrupam nas aldeias como Cafarnaum, Corozaim e Betsaida. Essas aldeias podem ser o lugar de origem da fonte *Quelle*, pois são os locais dos primeiros grupos cristãos.

Depois da morte de Jesus, porém, Jerusalém tornou-se um pólo de atração para alguns dos galileus-discípulos (At 1,14). Firmaram-se o grupo de Pedro e o grupo ligado à família de Jesus, do qual Tiago seria o chefe. O grupo de Pedro torna-se missionário na Palestina. Depois vai a Antioquia e chega até Corinto (1Cor 1,10-17) e Roma, onde Pedro sofre o martírio.

Os helenistas são os missionários que levam pela primeira vez o Evangelho para fora das fronteiras da Palestina (At 6,1–8,3). A Igreja de Antioquia, fundada pelos helenistas, torna-se uma comunidade significativa para toda

---

[1] Em *Revista de Interpretação Bíblica Latino-americana* 22 (1995), há dois artigos especialmente interessantes para nosso estudo. Pablo RICHARD, em "As diversas origens do cristianismo", dá uma visão global das origens do cristianismo entre os anos 30 e 70, especialmente na Galiléia e em Jerusalém. Carlos MESTERS e Francisco OROFINO, em "As primeiras comunidades cristãs dentro da conjuntura da época", mostram que a conjuntura nacional teve influência muito grande nas várias etapas da vida, da organização e do rumo das primeiras comunidades.
[2] SCHÜSSLER-FIORENZA, Elizabeth. *As origens cristãs a partir da mulher*. São Paulo, Paulus, 1992.

a Igreja primitiva (At 11,19-30). O conflito provocado pela conversão dos gentios e pelo sentido da observância da Lei apresenta-se como um momento importante na vida e na missão dos cristãos. Pedro será o centro do conflito e também o elemento de ligação e de unidade (Gl 2,11-14).

O evangelho de Mateus é a expressão da saída dessa crise decisiva e fecunda para a expansão da missão. Os cristãos tomam consciência de sua identidade e missão (Mt 16,13-20; 28,16-20). É um momento decisivo da passagem para o mundo dos gentios.

Paulo sai em missão para o Ocidente (At 13–15). A Igreja de Antioquia continua sua vida e organização, expressas claramente na atuação de Inácio de Antioquia, que firma o princípio da organização dos ministérios no episcopado monárquico (Tt 1,5.7; 1Tm 3,2-7).

Alexandria, a segunda cidade do império, é um foco de cultura e nela a tradição judaica torna-se fecunda. Ela se exprime no livro da Sabedoria e na tradução da Bíblia Hebraica para o grego, chamada dos Setenta. Fílon de Alexandria exerceu grande influência no uso da alegoria como método de interpretação e atualização da Palavra de Deus, tanto na Bíblia Hebraica quanto no Novo Testamento. O pregador mais conhecido dessa Igreja é Apolo, que foi como apóstolo para a Ásia Menor (At 18,24-28; 1Cor 1,12; 3,4-11). A Igreja da África ficará conhecida, desde cedo, com suas figuras de proa como Clemente e Orígines.

Éfeso torna-se o grande centro e foco das comunidades que se instalam na Ásia Menor e fazem o cristianismo crescer e firmar-se. É o circuito das Igrejas de que fala Apocalipse 1–3. Os helenistas, sedentários e instalados em suas cidades, servem de apoio e fornecem a infra-estrutura para a organização das comunidades. Os grupos e as tendências que se estruturam na região de Éfeso tornam-se importantes para essa fase da inculturação cristã no mundo greco-romano.

Nas origens está um grupo de pregadores como Prisca e Áquila, e há um grupo de discípulos de João Batista. Depois, vem o Apóstolo Paulo, que permanece vários anos nessa Igreja. Há também o grupo formado pelo Discípulo Amado e o grupo apocalíptico que reflete sobre o sentido da perseguição e o testemunho evangélico. Desses vários grupos é que nascerá a visão universal da unidade do Corpo de Cristo, que se exprime na carta aos Efésios.

O itinerário seguido por Paulo explica sua conversão, sua compreensão da missão e sua solicitude pelas Igrejas cristãs. A questão central para ele é a salvação na liberdade que Jesus Cristo conquistou para judeus e gentios, na força do Espírito (Gl 5–6). Essa é a Nova Aliança, a vida no Espírito que constitui o centro da fé. Se Cristo é o fim da Lei, não há mais judeu nem grego, mas a nova criatura (Gl 3,28). Essa atividade de Paulo teve conseqüências decisivas na expansão e constituição das comunidades.

Paulo reforça a ocidentalização das comunidades. O centro de gravidade não é mais Jerusalém. Primeiro se muda para Antioquia e, depois, para Éfeso. Ao mesmo tempo, a pregação de Paulo atinge as classes mais pobres da sociedade. Abre também o acesso de gente de boa situação social. Vitaliza as comunidades em torno das "casas" (*oikos*). No meio de pressões e de influências culturais procura estabilizar, consolidar e organizar a vida comunitária com seus serviços de catequese e de culto (At 18). Há a estabilização dos movimentos itinerantes e dos círculos carismáticos (1Cor 10–14).

Os anos de 30 a 70 são chamados de o período apostólico. A primeira geração de apóstolos e de apóstolas realizou o começo da missão no mundo judaico e no mundo helenístico. Mas, depois da destruição de Jerusalém na guerra dos judeus contra o Império Romano (66-74), a Igreja-Mãe de Jerusalém desaparece. Todos os Doze já estão mortos. Cresce a tensão entre as sinagogas espalhadas pelo mundo e o sempre crescente movimento das comunidades cristãs. É nesse momento que a segunda e depois a terceira geração começam a escrever a tradição apostólica para enfrentar os problemas que surgem entre os anos 70 e 120.

A teologia que se desenvolve nessa época encontra-se nos escritos da Escola Paulina. Esses discípulos de Paulo escreveram a carta aos Colossenses e a aos Efésios e as chamadas cartas pastorais. O crescimento geométrico da Igreja nesse período leva a uma institucionalização das comunidades em modelos diversos. Um modelo aparece nas cartas pastorais e outro em Lucas/Atos.[3]

A Escola Paulina tinha sua base em Éfeso e é aí que encontramos também os círculos joaninos. Esse grupo veio da Palestina depois de uma perseguição. Ele exprime sua teologia especial no evangelho de João e nas cartas joaninas. Depois da morte de João Batista, um grupo de seus discípulos fugiu para Éfeso e teve uma certa influência no evangelho de João (At 19,1-6; Jo 1,6-8). O Discurso de Despedida (Jo 13–17) torna-se a base da coesão desse grupo.

A primeira parte (Jo 13–14) visa confirmar os membros desse círculo joanino na certeza de viver sobre a proteção do Paráclito protetor da comunidade e dom do Ressuscitado. A segunda parte (Jo 15–17) parece refletir um tempo posterior. Existem conflitos teológicos entre os membros da comunidade, e o mandamento do amor serve, então, para solucionar o debate, selar a unidade e dar a identidade a esse grupo cristão.

A carta aos Romanos, capítulo 16, apresenta a Igreja de Roma na década de 60. Paulo menciona o nome de 27 pessoas ativas na Igreja de Roma e que ele conheceu como missionárias na Ásia Menor. Dessas pessoas, oito são mulheres ativas nos ministérios da Igreja.

---

[3] BROWN, Raymond. *As igrejas dos Apóstolos*. São Paulo, Paulus, 1986.

Roma fica marcada pela presença e pelo martírio de Pedro. De fato, assinala-se sua atividade missionária desde a Palestina. 1Cor 9,5 parece sugerir que nas suas viagens era acompanhado por sua esposa. Ele fez seguidores em Corinto (1Cor 1,12). E, segundo a tradição católica, ele foi o chefe da comunidade em Roma e sofreu o martírio sob Nero em meados da década de 60. Por volta do ano 200 já se venerava o túmulo dos dois apóstolos: o de Pedro, nos jardins do Vaticano, ao lado do circo de Nero; e o de Paulo, na estrada para Óstia. João 21,19 parece também fazer alusão ao martírio de Pedro.

1 Pedro 5,13 alude Roma com o nome de Babilônia. O livro do Apocalipse também refere Roma dessa maneira. A capital do império deve ter o mesmo fim que o antigo centro do imperialismo.

A primeira carta de Clemente de Roma olha para o tempo da perseguição e fortifica os cristãos com o exemplo do martírio de Pedro e de Paulo. E cerca do ano 110, Inácio de Antioquia, encarando o seu próprio martírio, também evoca essas duas figuras dos mártires.

2. O ANÚNCIO DO EVANGELHO E A UNIDADE CRISTÃ

Os primeiros cristãos chamavam este anúncio do Evangelho de "querigma", a força de salvação para os judeus e para os gregos (Rm 1,16-18). É o anúncio de Jesus Cristo como o fundamento da unidade que constrói a vida da nova criatura (Ef 2,19-22). É o testemunho que se espalha pelo mundo na força do Espírito que anima e une o povo de Deus (At 1,8).

A fé cristã primitiva surge do grupo dos discípulos e discípulas de Jesus que viu seu Mestre como Ressuscitado depois que fora crucificado pelo procurador romano Pôncio Pilatos. Sua fé dava-lhes a certeza com evidência profética de que Deus o levantou dos mortos e fez assentar-se à sua direita.

O Ressuscitado foi elevado à glória celeste e à dignidade messiânica do Filho do Homem, que deveria vir logo sobre as nuvens do céu para estabelecer o Reino de Deus sobre a terra (1Ts 4,15; At 1,7; 3,20-21).

A comunidade escatológica, formada de grupos diferentes, primeiramente não se separa do judaísmo. Mas as forças que ela carrega dentro de si (At 1,6-8) pouco a pouco tomam forma e se exprimem na organização, nos ministérios e na missão.

A missão logo começa a se expandir graças aos esforços de Pedro, Filipe e helenistas. A fé em Cristo, morto e ressuscitado, espalha-se por toda a Palestina. Os helenistas a levam para fora das fronteiras da Palestina.

O passo decisivo foi dado quando o querigma missionário anunciador de Jesus, o Crucificado, o Ressuscitado e o Juiz que vem e traz a salvação, foi levado para além das fronteiras da Palestina. O conflito entre cristãos, judeus e gregos em Antioquia representa um marco na expansão e na intensificação do anúncio cristão (Gl 2,11-14; At 15).

O querigma devia exprimir-se em categorias compreensíveis para os ouvintes helênicos e para todos que interpretavam a mensagem segundo a sua cultura e as expectativas da sua comunidade. Tanto a cristologia quanto a eclesiologia dos primeiros pregadores usavam expressões conhecidas da Bíblia Hebraica. Era necessário explicá-las ou mudá-las no mundo helênico.

São Paulo escreveu que os judeus pedem sinais e os gregos exigem sabedoria. Mas a força cristã está no anúncio da Cruz de Cristo como acontecimento escatológico decisivo (1Cor 1,22-25). A Cruz de Cristo pela qual Deus julga e salva o mundo, e pela qual a sabedoria do mundo torna-se uma loucura, é a revelação da graça e do poder de Deus.

Jesus, morto e ressuscitado, é o *Kyrios* venerado no culto e presente no testemunho das comunidades. Ele é de forma divina, manifesta-se na história como Servo e é venerado como Senhor da história (= *Kyrios* [Fl 2,6-11]). A diferença essencial entre o cristianismo helenístico e a comunidade palestinense primitiva está no fato de que ele não está marcado puramente pela esperança escatológica (1Ts 4,15-18; Fl 3,20-21). Está marcado por uma vida religiosa que se desenvolve no culto.

A cultura helênica influencia a prática das comunidades cristãs: o pneumatismo helênico, acompanhado de êxtase e de glossolalia, encontra acesso na vida das comunidades. Paulo sentirá a necessidade de organizar e estabelecer os princípios para viver tais carismas no espírito cristão (1Cor 10–14). Pelo batismo e pela celebração da Ceia do Senhor, aquele que tem fé participa da morte e da ressurreição de Jesus.

A constituição e a identidade da Igreja são apresentadas, segundo a tradição judaica, como povo de Deus, como a verdadeira herança de Abraão na liberdade do Espírito. É a vida cristã na Nova Aliança.

Ela se manifesta e se concretiza como o Corpo de Cristo, visível e real na vida dos discípulos que a ele se unem pelo batismo e pela Ceia do Senhor. Ela é o Corpo de Cristo que constrói a unidade entre judeus e gentios. Ela vive a vida da nova criatura na qual não existe mais discriminação e dominação, porque se vive na unidade da força do Espírito e da santidade.

A Igreja se organiza e estabelece os seus ministérios. Desde o início, a idéia do povo de Deus, de Israel de Deus, contém uma definição crítica da concepção de Igreja. Os Doze representam a Igreja como o verdadeiro povo das doze tribos (Mt 19,28; At 1,6.21-22). A posição dos apóstolos, cujo número permanece aberto, estende-se a toda a Igreja. A sua missão liga sua autoridade ao querigma. Como portadores do querigma, eles são os primeiros portadores da tradição (1Cor 15,1-7; Gl 1,16-18).

Desde a mais antiga tradição, segundo o costume de Israel e do judaísmo, os Anciãos fazem parte da organização e orientação da vida das comunidades. O conselho de Anciãos é chefiado por Tiago em Jerusalém (At 11,30; 21,18; 16,4). Esses Anciãos da Igreja primitiva são semelhantes aos anciãos do judaísmo no tempo de Jesus. São os membros mais respeitados e conhecidos da comunidade que formam um "sinédrio" que aconselha os chefes da Igreja (Tt 1,5-9; 1Tm 3,2-7; 1Pd 5,1).

A Igreja é a fonte de unidade no meio do mundo. Esse é o grande ensinamento que a carta aos Efésios sintetiza. É o momento em que, na terceira geração cristã, Lucas escreve o seu evangelho e os Atos dos Apóstolos, nos quais ele exprime a sua visão da expansão do testemunho cristão pelo mundo todo (At 1,8).

A história da unidade do querigma é complexa, diversificada e muito fecunda. Os Atos dos Apóstolos apresentam o seu dinamismo. A comunidade primitiva de Jerusalém manifesta seu testemunho. Aí, pouco a pouco, destaca-se a figura de Tiago (At 11,1; 15), a primeira pregação missionária de Pedro (At 1–5) e o princípio da evangelização da Samaria e do mundo de língua grega pelos helenistas, com Filipe (At 6–8; 11,19-30).

A comunidade helenística de Antioquia rapidamente torna-se o foco principal da missão que faz contrapeso com Jerusalém (At 1–12). Ela teve como pregador um fariseu convertido (At 9). Ele, Paulo, nos anos seguintes (entre 33 e 60), deu o grande impulso para a expansão do querigma no mundo greco-romano.

O Evangelho toma o caminho das grandes vias do império. Logo está disseminado nas grandes cidades do mundo: Alexandria, Éfeso, Tessalônica, Corinto (At 13–28). O pequeno grupo inicial levou o testemunho sobre toda a *oikumene* (At 1,8).

Resumindo

As comunidades cristãs primitivas são o ambiente da formação dos livros do Novo Testamento. Elas se originam na Galiléia, e com sua vida missionária realizam a passagem do mundo rural da Palestina para o mundo urbano greco-romano. Essa passagem engloba o Oriente, o Norte da África e a Ásia Menor até chegar à Europa.

As origens na Palestina são marcadas pela diversidade de comunidades e de movimentos missionários nos dez primeiros anos do cristianismo. Mas a entrada dos gentios nas comunidades, desde a fundação da Igreja em Antioquia, marca uma etapa decisiva no cristianismo primitivo.

A cidade de Éfeso na Ásia Menor tornou-se um verdadeiro centro teológico. Paulo passou muito tempo na cidade e, ao redor do pensamento dele, surgiu uma Escola Paulina. Também o Discípulo Amado foi para Éfeso e criou um grupo de seguidores que refletiam sobre a tradição de maneira diferente da Escola Paulina.

Por fim, um grupo apocalíptico refletiu sobre o sentido da perseguição dos cristãos e o testemunho evangélico. É a partir dos anos 50 que se iniciou a escrita dos livros do Novo Testamento. Os últimos livros canônicos foram escritos no começo do segundo século.

Perguntas para reflexão e partilha

1. Como você vê e compara o anúncio da vinda do Reino de Deus nos evangelhos (Mc 1,15 e Mt 13) e a pregação de são Paulo sobre a liberdade e a vida no Espírito (Gl 5–6)?

2. O que você acha que os conflitos dos diversos grupos da comunidade de Corinto (1Cor 1) nos ensinam para vivermos uma vida comunitária no espírito do Evangelho?

3. De que forma o testemunho das Igrejas primitivas (Rm 12) ilumina nossa vida missionária nos dias de hoje?

Bibliografia

BROWN, Raymond. *Introdução ao Novo Testamento*. São Paulo, Paulinas, 2004.

HORSLEY, Richard A. *Jesus e o império*. São Paulo, Paulus, 2004.

——(ed.). *Paulo e o império*. São Paulo, Paulus, 2004.

MURPHY-O'CONNOR, Joseph. *Paulo*; biografia crítica. São Paulo, Loyola, 2000.

Capítulo quarto

O MOVIMENTO DE JESUS E A TRADIÇÃO SINÓTICA

Pedro Lima Vasconcellos
Rafael Rodrigues da Silva

Queremos apresentar os evangelhos sinóticos e os Atos dos Apóstolos considerando o processo de sua formação. Para tanto começaremos com uma rápida exposição dos contornos principais do movimento de Jesus e sua pregação. Em seguida, abordaremos o processo de transmissão oral das memórias relativas a ele, levando em conta as principais formas de que essa transmissão se revestiu. Finalmente passaremos à redação de cada uma das obras em questão. Por esse caminho tomaremos contato com experiências significativas vividas por alguns dos primeiros seguidores e seguidoras de Jesus.

1. "OS FATOS OCORRIDOS ENTRE NÓS" (Lc 1,1)[1]

Jesus viveu em Nazaré da Galiléia, terra mal afamada (Jo 1,46), próxima a uma importante colônia romana chamada Séforis. Terá conhecido de perto, portanto, a dominação imperial. É bastante provável que o trabalho que Jesus exerceu desde sua juventude não tenha sido a carpintaria. A palavra que encontramos em Mc 6,3 é mais bem traduzida por "artesão", aquele que sabe e faz um pouco de tudo. Além disso, as parábolas de Jesus revelam grande conhecimento dos detalhes do trabalho rural. Terá ele vivido, em sua juventude, a experiência do trabalho na roça?

Batizado por João, profeta que com suas palavras apocalípticas de julgamento e ações simbólicas incomodava políticos e líderes religiosos da época, a ponto de ser preso e executado, Jesus desenvolve sua atuação nas aldeias e vilas da Galiléia. Com grupos de homens e mulheres se dirige

---

[1] Recorde-se o que foi visto no capítulo segundo, que a pesquisa sobre a história de Jesus de Nazaré envolve uma série de polêmicas e que são muitas as linhas de pesquisa. Aqui apresentamos uma síntese que pretende incorporar aspectos desenvolvidos pelos diversos pesquisadores dedicados à questão.

às famílias de camponeses e pobres, fazendo pregações e realizando curas, que sinalizam para uma realidade: o Reino de Deus está aí! É preciso notá-lo e inserir-se em sua dinâmica. Este talvez seja o aspecto fundamental: o Deus anunciado por Jesus e seus seguidores é portador de um reino, sobre cujas características os textos dos evangelhos vão se deter bastante. Jesus compartilhava com muitos grupos do seu tempo a expectativa pela realização do Reino de Deus; aliás, é amplamente reconhecido que a missão dele deve ser compreendida tendo em vista a realidade do Reino. A própria oração por ele deixada exorta a que se peça por sua vinda. Mas em que consiste esse Reino?

Com certeza não era um domínio ou extensão territorial que estava em cogitação, mas por detrás da terminologia se vislumbravam maneiras de ser e viver, sonhos e utopias, críticas e esperanças. Isso justifica a multiplicação das compreensões do que seria o "Reino de Deus". Uma das vertentes fundamentais da pregação e prática de Jesus justamente vai no sentido de sinalizá-lo, por palavras e gestos: ele é fundamentalmente uma compreensão e uma proposta de como viver no presente diante das tensões, conflitos existentes e dos valores que então se impunham.

Das palavras de Jesus destacamos aqui a importância das parábolas; entre os gestos sobressaem as curas e o que se poderiam chamar "refeições compartilhadas", que marcaram época e causaram furores. Testemunhos variados nos evangelhos dão mostras de que essa prática destacou Jesus entre seus contemporâneos, e de forma pejorativa. A fala de sujeitos indeterminados — "Ele é um comilão e beberrão, amigo dos cobradores de impostos e dos pecadores" (Lc 7,34) — é significativa, ao associar alimentação e companhias inadequadas, ao evidenciar o estabelecimento de comunhões até então inusitadas. "Este homem recebe os pecadores e come com eles" (Lc 15,2; veja também Mc 2,13-17): o murmúrio de fariseus e escribas expressa o incômodo generalizado. E isso que ele faz também ensina a fazer: "Quando você der um almoço [...] chame pobres, estropiados, coxos, cegos; feliz você será, então [...]" (Lc 14,12-14). O próprio Reino, ilustrado em um momento pela imagem de um banquete, tem em sua mesa aquelas pessoas que menos se esperaria encontrar (Lc 14,15-24). A mesa e o pão compartilhados desafiam e quebram barreiras, enfrentam e derrubam preconceitos. Não é por acaso que os seguidores e seguidoras de Jesus desde os primórdios celebraram a memória dele em torno de uma mesa.

Da mesma forma que na mesa, também nos corpos se desenham miniaturas da sociedade com suas divisões e interdições, exigências e transgressões. Nesse quadro se situam as curas de Jesus, seus toques, seu deixar-se tocar, o convencimento que a mulher pagã lhe impôs (Mc 7,24-30), sua convivência com impuros, rompendo com o ostracismo a que essas pessoas estavam condenadas.

Já as parábolas de Jesus, muitas delas vinculadas explicitamente ao Reino de Deus, se caracterizam por questionar situações episódicas, pitorescas, dramáticas do cotidiano. Elas discutem Deus e tematizam o Reino quando trazem à cena, o mais das vezes de maneira atrevida, aspectos banais, triviais da realidade. Questionam as compreensões convencionais de Deus quando interrogam sobre absurdos da realidade. O homem que paga seus empregados não pelo que trabalharam, mas pela necessidade deles (Mt 20,1-15): o que dirá esta parábola em termos de compreensão de Deus e da vida em coletividade? O que dizer do cumprimento de regras religiosas por parte de sacerdotes e levitas diante da ação efetiva que rompe barreiras as mais entranhadas, na chamada parábola do "bom samaritano" (Lc 10,30-35)? Ao olhar com atenção o conjunto da trama de cada uma das parábolas e relacionando-as com as circunstâncias concretas de seu surgimento, será possível buscar sua adequada compreensão e perceber seu surpreendente potencial.

Essas palavras e gestos só aparentemente são ingênuos; pelo contrário, sinalizaram para novas possibilidades de refazer a vida do povo, em termos religiosos, políticos e sociais. Não estranha, portanto, que a vida desse pregador e curandeiro andarilho tenha sido logo truncada, e pelo mais cruel e significativo dos suplícios disponíveis então: a cruz. Posicionamentos em face dos abusivos impostos cobrados por Roma (veja Mc 12,13-17; Lc 23,2-5) e dos desmandos cometidos no símbolo maior da religião judaica, o Templo de Jerusalém (veja Mc 11,15-18), precipitaram o desfecho: Jesus é morto a mando de Pilatos, governador romano, com o apoio declarado das mais altas autoridades religiosas de Jerusalém. Nessa tensão, a função maior da cruz não é matar, mas intimidar os seguidores de quem morre. É alerta para que ninguém tente seguir o exemplo do crucificado.

Mas essa não é a última palavra: a gente que o seguiu, a começar de algumas mulheres, logo teve certeza de que ele estava vivo. A ressurreição de Jesus, obra de Deus, era um desmentido às pretensões do império. E um sinal de que as esperanças de recriação do mundo e de ressurreição geral começavam a ser sinalizadas. A história haveria de ter continuidade.

2. "QUANDO ENTRAREM NUMA CASA..." (Lc 10,5): A PRÁTICA DO MOVIMENTO DE JESUS

O andarilho de Nazaré foi o iniciador de um movimento na Galiléia que se materializava, ainda antes de sua morte na cruz, basicamente em duas formas. Havia primeiramente os grupos itinerantes, que adotaram o modo de vida do próprio Jesus e que se entendiam como seus imediatos continuadores. Eram gente empobrecida, e sua ação missionária os colocou em contato com outros grupos (de famílias e comunidades locais), também empobrecidos, em cujas casas se dava a partilha das refeições e aconteciam as curas e a proclamação da chegada do Reino (veja o texto de Lc 10,2-12). Era nesses momentos de convivência e celebração comunitárias que se fazia a memória das palavras de Jesus, de seus atos, dos conflitos em que se envolveu, dos valores em que apostou. As polêmicas que tanto os andarilhos como as comunidades locais tiveram de enfrentar, com as diversas oportunidades de celebração, estão na base tanto da recuperação das memórias de Jesus como da transmissão delas e, no fim do processo, da própria redação dos evangelhos que temos hoje no Novo Testamento.[2] Em Lc 1,1-4 se fala que a escrita dos evangelhos se deu após importante processo de transmissão oral das memórias de Jesus. Ela foi feita, logicamente, em primeiro lugar, por aquelas pessoas, homens e mulheres, que haviam convivido com ele. Só num segundo momento as narrações começaram a ser redigidas, sempre em função das necessidades dos grupos e comunidades.

E mesmo a escrita foi acontecendo aos poucos; o evangelho segundo Marcos, o mais antigo de todos, conheceu e utilizou uma coleção de parábolas que já existia (Mc 4), dois conjuntos de controvérsias de Jesus com autoridades judaicas (2,1–3,6; 11,27–12,44), e ainda uma narração sobre a morte/ressurreição de Jesus (14,1–16,8). Reconhecer essa fase intermediária entre o momento da vida e ação de Jesus e a fixação por escrito das memórias relativas a ele é muito importante, por várias razões. Uma delas é justamente a de reconhecer que a transmissão das memórias sobre Jesus atendeu a inúmeras necessidades que iam surgindo na vida das comunidades. Isso explica por que nos evangelhos encontramos, por vezes, diferenças importantes na forma de apresentar determinados episódios da vida de Jesus e algumas de suas palavras. O que importava não era repetir, mas apresentar de forma atualizada a mensagem. Os evangelhos não são biografia de Jesus, mas boas-novas. Novas, sempre atuais; notícias boas para aquela gente acostumada a receber apenas violência e desprezo: os pobres!

3. AS TRADIÇÕES SOBRE JESUS[3]

3.1. "Ele fala com autoridade"

Alguns grupos ficaram muito marcados pelas palavras repletas de sabedoria que se transmitiam como tendo sido um dia pronunciadas por Jesus:

---

[2] Sobre a interação entre grupos ambulantes e comunidades locais no início do cristianismo, pode-se ler: THEISSEN, Gerd. *Sociologia do movimento de Jesus*. São Leopoldo/Petrópolis, Sinodal/Vozes, 1989; CROSSAN, John D. *O nascimento do cristianismo*; o que aconteceu nos anos que se seguiram à morte de Jesus. São Paulo, Paulinas, 2004. pp. 333-454.

[3] Para um panorama, ver WEGNER, Uwe. *Exegese do Novo Testamento*; manual de metodologia. São Leopoldo/São Paulo, Sinodal/Paulus, 1998. pp. 184-212.

suas parábolas atrevidas e sugestivas, os provérbios cortantes, as sentenças surpreendentes, suas interpretações espantosas dos preceitos da Lei. Essas palavras marcantes foram reunidas e colecionadas, pois nelas se preserva a memória de Jesus mestre. Todas essas tradições e memórias circularam entre as vilas e casas da Galiléia e foram difundidas em terras além-Israel. Chegaram a terras da Síria, ao norte de Israel. Lá também se desenvolveram coleções de palavras de Jesus. A reflexão sobre essas palavras gerou os longos discursos que particularmente o evangelho segundo João atribuirá a Jesus.

Vamos nos fixar aqui em apenas dois conjuntos muito significativos, suficientes para termos uma idéia de quais eram as preocupações principais da pregação de Jesus e da maneira como foi acolhida no seio dos grupos e comunidades que inicialmente o seguiram.

a) Bem-aventuranças

O uso de "bem-aventuranças" não é novidade de Jesus. Nos livros sapienciais judeus encontramos muitas delas. Daí uma primeira observação: "bem-aventurado" traduz um termo hebraico que mais exatamente significa "vamos", "adiante!". Não se trata apenas de uma declaração de que fulano ou determinado grupo é feliz, mas de uma convocação (Sl 1). E ainda mais se levarmos em conta que "bem-aventurados" são sempre pessoas e grupos que estão à margem da sociedade por alguma razão. A convocação é para que eles não temam "remar contra a maré".[4]

Para considerar as bem-aventuranças de Jesus desde sua proclamação até a redação de Mt 5,3-12 e Lc 6,20-23, temos um percurso de quatro etapas.

Tudo começa com a proclamação de Jesus, centrada na proclamação do Reino de Deus aos pobres. Quem são eles? Por conta do texto de Mateus, que apresenta a expressão "pobres no Espírito" (essa nos parece ser a tradução mais exata), costuma-se entender pela palavra "pobres" tudo, menos o seu sentido básico, que é "pobres"! Na verdade, o termo aí utilizado refere-se a pessoas desprovidas até do mais elementar para poder sobreviver. São pessoas muitas vezes desempregadas, que perderam suas terras e plantações, andam para lá e para cá em busca de refúgio e trabalho e sobrevivem de esmolas e donativos conseguidos aqui e ali. Não é difícil encontrar aí os "aflitos" e os "famintos" das bem-aventuranças seguintes. O movimento de Jesus surge dessa convocação fundamental: aos miseráveis e desprezados da sociedade é que pertence o Reino de Deus.

Quando essa bem-aventurança endereçada aos pobres foi escrita pela primeira vez, num documento que haveria de ser utilizado na redação de

---

[4] Veja a esse respeito CHOURAQUI, André. *A Bíblia: Matyah* — O evangelho segundo Mateus. Rio de Janeiro, Imago, 1996. pp.83-84.

Mateus e Lucas (e do qual falaremos mais detalhadamente adiante), já estava acompanhada das duas seguintes, endereçadas aos aflitos e famintos. Elas são claramente exemplificações da bem-aventurança básica, aquela sobre os pobres. E vinha ainda a quarta, aquela mais extensa, sobre a perseguição aos discípulos e discípulas de Jesus, perseguidos por causa dele. Olhando esse conjunto de bem-aventuranças, podemos ser mais explícitos: a razão da perseguição seria o fato de ter havido gente que levou a sério a proposta de Jesus e continuou a convocação à gente pobre, aflita e faminta, anunciando que o Reino de Deus lhe pertencia. O texto era algo como o seguinte:

> *Bem-aventurados os pobres, porque deles é o Reino de Deus.*
>
> *Bem-aventurados os aflitos, porque serão consolados.*
>
> *Bem aventurados os famintos, porque serão saciados.*
>
> *Bem-aventurados sois quando vos injuriarem e [...] fizerem mal (ou proscreverem vosso nome como mau) por causa do Filho do Homem. Alegrai-vos e exultai, porque será grande vossa recompensa no céu. Assim eles fizeram aos profetas.*

Fica muito claro que estamos diante de dois tipos de bem-aventuranças. O primeiro diz respeito às três primeiras: frases curtas, obedecendo a um mesmo esquema: bem-aventurados... porque... Os destinatários são grupos marginalizados socialmente. Já a quarta bem-aventurança é mais extensa e se dirige aos discípulos e discípulas de Jesus, perseguidos por levarem a sério a sua proposta e sua mensagem, em boa parte sintetizada nas bem-aventuranças anteriores. Assim, ela depende das anteriores para ser bem compreendida e supõe as primeiras perseguições que se abateram sobre a gente seguidora de Jesus.

Quando da redação do evangelho segundo Lucas, o texto recebeu alguns ajustes. O formato será mais ou menos o mesmo; mas, para começar, em Lucas as bem-aventuranças estarão todas em segunda pessoa: "Bem-aventurados vós...". Isso porque logo após lemos quatro "mal-aventuranças", estabelecendo um contraste muito acentuado entre pobres e ricos, famintos e saciados, quem chora e quem ri, quem é odiado e quem é elogiado. As palavras são dirigidas aos discípulos (v. 20), ou seja, à comunidade: como escapar ao choque? Mas não há como escapar: essas bem-aventuranças, acompanhadas das "mal-aventuranças", estão concretizando e radicalizando aquilo que, conforme Lucas, foi proclamado por Jesus na sinagoga de Nazaré: o evangelho endereçado aos pobres (4,18).

Em Mateus, as bem-aventuranças apontam em direção diferente. Elas estão muito bem organizadas. São oito bem-aventuranças (Mt 5,3-10), centradas no Reino (vv. 3.10) e sua justiça (vv. 6.10), seguidas de outra, mais extensa (vv. 11-12), mas dirigida às mesmas pessoas do v. 10: os "perseguidos". Assim, o v. 10 parece ligar as duas partes do conjunto das bem-aventuranças.

A série de oito bem-aventuranças (vv. 3-10) apresenta detalhes interessantes. A primeira bem-aventurança e a última fazem uma mesma afirmação aos "pobres no Espírito" e aos "perseguidos por causa da justiça": deles é o Reino dos Céus. O horizonte e a expectativa pelo Reino são o início e o fim da série. No meio vamos ter, então, a indicação dos caminhos e desafios concretos que o reino coloca. E tudo converge para a bem-aventurança do v. 10, que faz a ligação com a dos vv. 11-12. A luta pela justiça em todas as suas situações e a construção dela trazem sofrimento; a comunidade de Mateus parece sentir isso na própria pele, pelo que se lê no v. 11. Mas não se pode desanimar: aconteceu a mesma coisa no passado com os profetas, e a comunidade deve agora agir como eles: não entregar os pontos, ficar firme, na certeza de que assim está cumprindo a vontade de Deus (v. 12). Assim, as bem-aventuranças do evangelho segundo Mateus são uma convocação aos pobres, a quem tem fome e sede de justiça, aos aflitos, a quem luta pela paz, para agir sintonizado com o Espírito de Deus, na certeza de que assim é que se constrói o Reino.

b) Parábolas e alegorias[5]

Outra forma importante de vários ditos de Jesus são as parábolas. O termo "parábola" designa materiais muito diversos, desde simples imagens (Mt 5,14; Mc 2,17) e comparações (Mt 10,16; Lc 11,44) até narrações mais extensas. Vamos aqui refletir sobre essas últimas, atentando particularmente para a distinção entre parábola e alegoria.

As parábolas de Jesus se caracterizam por seu realismo. Sementes, trabalho, vinhas, ovelhas, salário, fermento, assalto fazem parte determinante de seus enredos. Elas têm sua origem na terra e nas circunstâncias do trabalho e do cotidiano da Galiléia. E esse é um fator determinante para a compreensão delas, que nos remete para o mundo da sabedoria em Israel. Parábola traduz o termo hebraico *maxal*, que pode significar "provérbio", "zombaria", "comparação". Nele parece estar condensada toda a experiência sapiencial de Israel expressa nas Escrituras. E, mais do que explicações das normas e da ordem do mundo, o *maxal* acentua os paradoxos, os elementos de crise. Assim se compreende que os textos sapienciais estejam carregados do jocoso, do zombeteiro, do enigmático, do crítico e do satírico. A sabedoria em Israel tem como ambiente preponderante não a corte, mas sim o cotidiano das pessoas. E o *maxal* detecta exatamente a desordem, o caos, a crise. Da mesma forma a parábola.

Além de seu realismo, cada parábola traz à tona situações corriqueiras. Nada de fabuloso ou fantástico será encontrado nelas. Isso não significa

---

[5] JEREMIAS, Joachim. *As parábolas de Jesus*. 3. ed. São Paulo, Paulus, 1980; VASCONCELLOS, Pedro Lima. *E lhes falava em parábolas – Introdução à leitura das parábolas*. São Paulo, Cedi, 1995.

que as parábolas reproduzam tal e qual a realidade existente. Ao mesmo tempo em que surge da realidade material e cotidiana, a parábola se destaca dela e a transforma. É sempre portadora de um conteúdo surpreendente, não porque absurdo, mas porque foge dos padrões normais. Na parábola há sempre um quê de impensado, de irrupção. Podemos perceber em cada parábola que, partindo da cotidianidade, e sempre no âmbito do real, o relato tem a finalidade de estranhar, provocar a realidade cotidiana (trabalhadores que trabalharam períodos diversos recebem a mesma remuneração; um samaritano acode o judeu assaltado etc.). Por isso, o que predomina na parábola é o impensado, o novo, o escandaloso; ela pretende provocar a partir de situações do cotidiano. Dessa maneira, a parábola será adequadamente compreendida se considerada em seu todo, no conjunto de sua trama.

Levar a sério a trama implica reconhecer o caráter autônomo dos relatos parabólicos. São histórias que falam a partir de si e por si mesmas. Isso não significa que a parábola não tenha também seu referencial. Este se encontra na realidade concreta de onde são recolhidas as imagens e situações retratadas. Elas priorizam questões relacionadas ao trabalho e à sobrevivência das pessoas. Recolhendo estes e não outros aspectos da realidade, as parábolas querem, de alguma maneira, interpretar essa mesma realidade. Seu assunto é a rede, a semente, a mulher à procura da moeda, o pastor e o rebanho etc. Parábola não é, então, mero recurso pedagógico a apontar para um assunto alheio à sua trama. Ela se apresenta como um retrato seletivo e crítico, embora imediato, de uma determinada realidade, diante da qual se faz o convite à reflexão e a uma postura. Ela alcança seu objetivo ao não dizer tudo: não é à toa que algumas parábolas são concluídas com a convocação: "Quem tem ouvidos para ouvir ouça!".

Já a alegoria aponta para um universo bem distinto, para um procedimento bastante característico. Ela se define como uma série continuada de comparações. Um conjunto de imagens interdependentes recebe significações para cada imagem. Cada elemento do quadro apresentado na história recebe significado particular. Podemos exemplificar com o caso da rede (Mt 13,47-50). Na verdade estamos diante de uma alegoria, já que esta é imagem que aponta para o "fim do mundo", os pescadores para os anjos, o "tudo" representa a humanidade, "o que é bom" corresponde aos justos e "o que não presta" alude aos maus. A temática não é a do trabalho na pesca; pelo contrário, esta serve apenas de recurso para introduzir a verdadeira temática, a do julgamento.

Desse modo, a alegoria, ao contrário da parábola, sempre pode ser convertida e interpretada por um texto que se entende por si mesmo; uma vez que este tenha sido decifrado, o texto anterior se torna dispensável. Pode-se dizer que a alegoria expressa aquilo que poderia ser expresso de outra maneira, mas não o é por vários motivos; ela precisa de um conhecimento correto para ser compreendida e pode ser abandonada quando sua mensagem é compreendida. No caso da parábola/alegoria da rede, só quando esta é identificada com o julgamento torna-se possível a compreensão proposta pelo conjunto do texto.

Assim, a alegoria é um relato que justapõe duas realidades que se busca colocar em correspondência. Fala algo e, ao mesmo tempo, outra coisa. Daí que se trata necessariamente de um texto complexo, que joga com imagens e realidades de origem diversa, colocadas em paralelo. Portanto, para sua compreensão é necessária uma "chave" interpretativa. No tocante ao Novo Testamento (não só no caso das parábolas), as Escrituras parecem ter sido o código privilegiado, a chave que possibilitou essa tradução/correspondência.

O mundo da alegoria é bastante extenso e sugestivo, já que lida com imagens que não falam diretamente, mas, pelo contrário, despertam a curiosidade, a fantasia e "falam" de forma toda particular, por alusões, insinuações e comparações. A alegoria é abundante nas Escrituras (Is 5,1-7; Dn 7; vários capítulos de Ezequiel) e no Novo Testamento (Jo 10,1-21; 15,1-8; Ap 13). Não é de admirar que os textos provenientes da apocalíptica sejam os mais ricos na utilização de alegorias.

As parábolas foram textos privilegiados em que se aplicou, muito rapidamente, o procedimento alegórico, talvez pelo fato de que a parábola recolhe elementos muito circunstanciais e episódicos da realidade. À medida que vai sendo transmitida, houve a tendência de perder o chão contextual que lhe deu origem. Vai o texto, fica o contexto. E o texto fica então "solto", sem referencial. Aí entram as Escrituras, que permitirão dar a essas parábolas, agora enigmáticas, novos significados.

Certamente muitas parábolas foram alegorizadas (Mc 4,1-20; Mt 13,24-30.36-43), mas não todas (Mt 20,1-15; 25,14-30; Lc 10,30-35). Portanto, a alegorização não foi o único caminho de interpretação das parábolas no cristianismo primitivo. Importa não perder isso de vista, tendo em conta algumas leituras muito correntes que, em nome da alegorização a que algumas parábolas foram submetidas no Novo Testamento, fazem o mesmo com as demais, descompromissando-se com o enredo, com a materialidade do texto.

3.2. As narrações sobre Jesus

Até agora consideramos algumas das formas utilizadas por Jesus em sua atividade de mestre, assumidas e recriadas nas comunidades que o seguiram. Agora queremos abordar alguns relatos a seu respeito. Guardaram-se dele não apenas as palavras, mas também o que ele fez, e na conservação disso muito se refletiu e incorporou. Também muito se refletiu sobre as suas origens, bem como sobre sua morte terrível. Assim, vamos considerar rapidamente os chamados "milagres" de Jesus, as narrativas relativas a seu nascimento e aquelas sobre sua morte e ressurreição.

a) Paradigmas

Os evangelhos nos apresentam diversos episódios em que Jesus reage com uma palavra (ou mais) a uma determinada situação que lhe é apresentada, resolvendo o impasse ou apontando para algum caminho inusitado. Assim sendo, esses breves relatos podem ser tomados como paradigmas, isto é, como referências para orientar a vida concreta das comunidades seguidoras de Jesus. Aliás, foi com esse sentido que essas histórias foram elaboradas. O foco está na palavra do Mestre, ou, num caso muito especial, da mulher que dobra a "teimosia" de Jesus (Mc 7,24-30).

Os paradigmas podem assumir a forma de uma discussão de Jesus com fariseus ou algum outro grupo (Mc 2,23-28; 12,13-17.18-27), ou, então, apresentam respostas de Jesus a questões levantadas por seus discípulos (Mc 9,38-40; Mt 18,21-22). Podemos ainda encontrar paradigmas em situações que envolvem algum detalhe da história do próprio Jesus (Mc 3,31-35; 14,3-9; Lc 11,27-28). O que importa é que a chave de compreensão do texto se encontra na palavra dele.

Podemos ainda encontrar passagens que claramente foram convertidas em paradigmas, pela aplicação que tiveram em momentos específicos da vida das comunidades. Casos evidentes nesse sentido são Mc 2,1-12 e 3,1-7a: "milagres" são narrados numa perspectiva diferenciada, ao servirem de "pretexto" para o debate sobre o perdão dos pecados e a maneira de vivenciar o sábado.

b) "Atos de poder, prodígios e sinais"[6]

Se para tantos grupos o que marcou profundamente foram as palavras cheias de sabedoria de Jesus, na medida em que foram capazes de se atualizar na vida de seus seguidores e seguidoras, a outros terá chamado a atenção a capacidade de ação do mestre e seus companheiros. Suas atitudes para com os pobres, os doentes, os famintos, tudo isso precisa ser preservado, pela transmissão seja oral, seja escrita.

Muitas das narrações que tratam dessas ações de Jesus são conhecidas com o nome de "milagre". Esse termo talvez não seja o mais adequado, por nos acabar fazendo pensar logo em coisas fabulosas que a ciência moderna não pode explicar. O que os relatos bíblicos sobre os "milagres" de Jesus pretendem é outra coisa: querem mostrar sua ação decidida em

---

[6] Vale a leitura, a respeito dos "milagres" de Jesus, de CROSSAN, John D. *Jesus, uma biografia revolucionária*. Rio de Janeiro, Imago, 1995. pp. 89-113; AGUIRRE, Rafael (org.). *Los milagros de Jesús*; perspectivas metodológicas plurales. Estella, Verbo Divino, 2002.

favor da vida, e pela superação das barreiras que a colocam em risco. Esses relatos mostram Jesus realizando principalmente curas e exorcismos.

Quando pensamos nas curas de Jesus, devemos considerar que a percepção de doença que temos hoje é distinta daquela que tinham as pessoas no tempo de Jesus. Ela não era apenas um problema medicinal, mas principalmente um mal que impedia a vida em sociedade, marginalizava e provocava o desprezo e a rejeição. Em Mc 1,40-45, o leproso pede a Jesus não a cura, mas a purificação. Cura diz respeito à doença: purificação se refere à marginalização e exclusão vividas pelos diversos tipos de leproso (veja Lv 13). Ao tocar no leproso, Jesus transpõe a barreira que separava puros de impuros; fica, ele mesmo, impuro, e não pode entrar na cidade (veja Mc 1,45). Mas gestos como esse indicam que o Reino de Deus está chegando (Mt 11,2-6).

Os exorcismos devem ser considerados a partir da visão que, no tempo de Jesus, se tinha da ação de forças poderosas nas pessoas e nas sociedades, para a vida e para a morte, para a liberdade e para a violência. Por isso se fala nos evangelhos de "espíritos impuros" e do "Espírito de Deus": são forças em conflito agindo na história humana. O exemplo do "endemoninhado de Gadara" (Mc 5,1-20) é típico. Estamos diante de um caso em que a violência e a destruição que se abateram sobre uma pessoa (impura, segundo a Lei) sintetizam uma situação de dominação mais geral. Afinal de contas, o espírito que toma conta do homem de Gadara leva o nome de "legião", termo utilizado para nomear as tropas romanas que ocupavam a região de Israel. A narração expressa ainda o sonho de liberdade vivido pelo povo. A legião se apossa dos porcos impuros e se precipita no mar, como um dia aconteceu com as tropas do faraó do Egito.

c) Os relatos da morte e ressurreição[7]

Foi na comunidade de Jerusalém que se iniciaram as reflexões sobre o sentido da morte de Jesus, ocorrida nessa cidade. A brutal execução na cruz parecia ser um desmentido às pretensões que discípulos e discípulas depositaram em Jesus. A certeza da ressurreição será um desmentido às pretensões dos que o executaram.

Por isso se nota que a abordagem da morte e ressurreição de Jesus é mais marcada pela teologia que por uma preocupação com a fidelidade à biografia. O que importa não são as últimas horas de Jesus, mas o sentido dessa execução. O que esse "escândalo" e "loucura" (1Cor 1,22-23) pode dizer?

---

[7] Sobre esses relatos, podem-se ler CROSSAN, John D. Quem matou Jesus? Rio de Janeiro, Imago, 1995; BROWN, Raymond. Um Cristo crucificado na semana santa. São Paulo, Ave Maria, 1996.

Não é à toa que encontraremos nas narrativas da paixão/ressurreição de Jesus uma forte presença de referências da Escritura, inclusive quando esta não é citada. As palavras de Jesus na cruz são extraídas principalmente dos salmos. As trevas que cobriram a terra no momento da morte de Jesus, segundo Marcos, Mateus e Lucas (mas não segundo João), aludem a Am 8,9-10 e ao seu anúncio do dia de Javé. O julgamento de Jesus por Herodes, narrado só em Lucas (23,6-12), aparece em função do que diz o início do Sl 2: os reis da terra e os príncipes conspiraram contra Javé e seu messias. E assim por diante.

Por outro lado, nos detalhes cada narração apresenta suas particularidades, reveladoras das intenções específicas de cada evangelho. Para ficarmos num exemplo, o que tem a ver o grito desesperado de Jesus na cruz, segundo Mc 15,34, e as palavras cheias de confiança no Pai e ternura pela humanidade em Lc 23,34.43.46? Também nos relatos do julgamento de Jesus por Pilatos, os detalhes — seja em relação ao procurador romano, seja quanto à participação do povo judeu e de suas autoridades religiosas — são mais reveladores da forma de as diversas comunidades seguidoras de Jesus lidarem com esses setores da sociedade do que da maneira como eles se teriam efetivamente portado na condenação de Jesus. Em todas essas narrações se encontra um movimento que integra constantemente o passado (a morte na cruz) e o presente (a trajetória das comunidades e a busca do sentido para essa morte).

No final, temos retratos distintos de Jesus em cada uma das narrações de sua paixão e morte. Consideremos os três primeiros evangelhos: em Marcos Jesus segue um caminho para terminá-lo completamente só, abandonado dos discípulos (14,32-52) e inclusive do Pai (15,34). Escarnecido pelas multidões, rejeitado incondicionalmente pelas autoridades judaicas e romanas, Jesus parece prefigurar, na narrativa de Marcos, o destino dos discípulos que lhe forem fiéis (Mc 13,9-13). Em Mateus o retrato é semelhante, mas um tanto mais complexo. As cenas do suicídio de Judas (Mt 27,3-10) e do sonho da mulher de Pilatos (27,19) contrabalançam as continuadas rejeições sofridas por Jesus: sua morte é compreendida na linha da morte do justo (Sb 2,8-24). Já em Lucas sobressai a humanidade daquele que, no meio do maior sofrimento, injustamente condenado pela conjugação dos poderes do mundo, é capaz de mostrar confiança, exercitar o gesto supremo do perdão e pedir que não se chore por ele, já que seu sofrimento nada mais é que a expressão das dores da humanidade (Lc 23,27-31).

As narrativas da ressurreição se apresentam basicamente na forma de relatos sobre o túmulo vazio e aparições de Jesus a seus discípulos. Em Marcos temos apenas a cena do túmulo vazio e a proclamação da ressurreição às mulheres (como veremos, o evangelho terminava originalmente em 16,8). A vitória de Jesus sobre a morte não se prova, se crê. Em Mateus e Lucas as aparições do Ressuscitado são distintas, mas convergem ao apontarem para a missão dos discípulos. Em João, as aparições (particularmente aquela a Tomé) são narradas para no fim afirmar a desnecessidade delas (20,29).

d) As origens do Messias[8]

As preocupações com a origem de Jesus foram surgindo aos poucos. Isso explica por que o evangelho mais antigo, aquele segundo Marcos, nada traga a esse respeito, apresentando Jesus já adulto, no início do seu ministério. Somente Mateus e Lucas apresentam as origens de Jesus no seio da família de Nazaré (mas veja Jo 1,1-18). Vamos aqui sugerir apenas algumas pistas para a leitura de Lucas 1–2, capítulos muito conhecidos de todos nós. Mas justamente esse fato pode às vezes fazer com que se esqueçam de alguns dados importantes ou que eles não sejam levados em conta. Na verdade, eles são muito especiais, não só por serem exclusivos, mas por abrirem a obra lucana. Ela começa apontando para as crianças, João e Jesus, que indicarão caminhos novos para o povo. Cabe olhar também para as mulheres, as mães dessas crianças, que vão tecendo surpreendentes histórias a partir de seus corpos e apontando formas novas de entender a ação libertadora de Deus e de se comprometer com ela.

Esses dois capítulos estão bem organizados. A apresentação das duas cenas de anúncio é semelhante: o mesmo anjo, com palavras semelhantes, anuncia o nascimento de duas crianças que vão dar o que falar (1,5-25.26-38). Mas o que se diz de cada uma é diferente: de João, o anjo fala comparando-o a Elias, o grande profeta. Jesus é ligado a Davi, a figura que indica o messias vindouro. Com isso se dizem coisas importantes. Especialmente que a aceitação de Jesus como messias não o afasta de outras figuras e pessoas importantes da vida do povo, como João. Jesus não pode ser isolado de João, como não pode ser isolado da história do povo. Deve-se destacar a dificuldade de Zacarias e a aceitação de Maria. E ainda os lugares das aparições: no caso de Zacarias, acontece no Templo; Maria é visitada em sua aldeia, Nazaré. A aceitação das intervenções divinas por parte dos esquemas do Templo, dos quais Zacarias participa, é mais difícil; ao contrário disso, a mulher de Nazaré acolhe a surpresa que lhe chega de Deus e que vai mexer decisivamente com seu futuro.

Em 1,39-56, temos o encontro das duas mães e o das duas crianças na barriga das mães. Esse encontro reforça aquilo que dizíamos antes: Jesus deve ser entendido em sua ligação com a história do povo e seus profetas. Não é à toa que justamente aqui encontramos o canto de Maria, em que se proclama a ação libertadora de Deus no decorrer da história do povo, onde Jesus vai nascer.

---

[8] A respeito das narrações de Mateus 1–2 e Lucas 1–2, pode-se ler PERROT, Charles. As narrativas da infância de Jesus (Mt 1-2 – Lc 1-2). São Paulo, Paulus, 1982.

A seguir continua o paralelo: as cenas relativas a João reaparecem de forma semelhante referindo-se a Jesus: o nascimento (1,57-58 e 2,1-20), a circuncisão (1,59-66 e 2,21), um cântico (1,67-79 e 2,22-38). Mas há uma diferença interessante: em João se destaca o momento da circuncisão, enquanto em Jesus se dá mais atenção ao nascimento. Com isso, João fica ligado ao mundo das tradições judaicas, enquanto com Jesus se inicia um tempo novo (16,16). Também os cânticos deixam claro que a comunidade pensa Jesus como o iniciador de uma fase nova na história do povo. João é seu profeta, prepara-lhe os caminhos (1,76).

Esse quadro tão bem organizado segue alguns eixos principais. Evidentemente o horizonte do texto aponta para Jesus, mas este não aparece isolado, deslocado de uma trajetória, de uma história. Está acompanhado de um grande profeta, que por sua vez é herdeiro da longa história da profecia em Israel (1,15-17). A apresentação em paralelo, portanto, do surgimento de Jesus e de João tem a finalidade de situar esses dois grandes personagens na longa história do povo e mostrar Jesus na seqüência de uma linha profética iniciada em Elias e que passa inevitavelmente pelo profeta João.

Por outro lado, não se pode esquecer que os principais protagonistas dessa narrativa, com as duas crianças, são suas respectivas mães. Também elas fazem memória das mulheres do povo. Sara (veja Gn 18) é referência para a maternidade ao mesmo tempo da idosa Isabel como da jovem Maria. Elas conseguem entender os caminhos novos que Deus está indicando para seu povo (1,38.45). E nas maternidades que estão vivendo os homens, o incrédulo Zacarias e o silencioso José são secundários. A cena central desse conjunto mostra justamente o encontro solidário delas, quando então Maria entoa o cântico sobre a ação libertadora de Deus, desde Abraão até agora (1,46-55).

Note-se ainda que nossos dois capítulos começam e terminam no Templo, e este se mostra insensível, impotente diante de tanta novidade. O sacerdote Zacarias não consegue comunicar ao povo a intervenção surpreendente de Deus (1,22), e os doutores não conseguem esconder seu espanto diante da sabedoria de Jesus (2,46-47). Contudo, estão no Templo as figuras idosas de Simão e Ana, que acolhem o novo que surge. Eles antecipam a presença de Jesus (19,47; 20,1; 21,37; 22,53) e da primeira comunidade (At 2,46; 3,1) no centro religioso judeu, que tinha uma função mais que ambígua, como ficará evidente pelo discurso de Estêvão, que lhe custou a vida (At 6–7).

Para concluir, nesses capítulos estamos no ambiente dos pobres e simples. Deles e de sua esperança nascem os profetas João e Jesus. Nascem por Deus, sem aparato ou glória. Já aí se afirma a ação do Espírito Santo confirmando os rumos impensados que a história de Deus em relação à humanidade está tomando (1,15.35.41.67). A ênfase de Lucas na misericórdia pode ser encontrada em algumas passagens: ela caracteriza a ação de Deus de geração em geração (1,50) e se manifesta particularmente pelo nascimento inesperado de João (1,58). A insistência em mostrar Jesus no mundo da exclusão também já se mostra aqui, quando se narra seu nascimento nas circunstâncias mais precárias, num estábulo de animais, "porque não havia lugar para ele na hospedaria" (2,7). Ele sente na pele, desde o início, como é a vida dura e sofrida do povo e de suas crianças. Os conflitos que daí vão surgir na vida de Jesus, por causa de sua ação solidária com os pobres, já são indicados na fala de Simeão: este menino será sinal de contradição (2,34-35). A rigor, tais conflitos levam adiante a ação de Deus na história de seu povo, conforme o cântico de Maria (1,50-53). E, finalmente, se tomarmos os três cânticos que aí encontramos, o de Maria (1,46-55), o de Zacarias (1,68-79) e o de Simeão (2,29-32), encontraremos neles como que um resumo daquilo que as comunidades celebravam e das preocupações que marcarão o conjunto da obra lucana. Todos eles estão cheios de referências à Escritura dos judeus, mas ao mesmo tempo apontam os temas mais importantes do Evangelho: a misericórdia, a opção de Deus pelos pobres, a boa-nova para a gente excluída.

4. TEOLOGIA DA REDAÇÃO DOS EVANGELHOS

Passaremos agora à consideração de cada um dos três primeiros evangelhos. Depois de tratarmos da relação entre eles, faremos a pergunta pelas linhas principais que orientaram a elaboração de cada um deles. O processo básico é aquele descrito em Lc 1,1-4, ao qual já fizemos menção: das diversas tradições transmitidas oralmente, e algumas delas registradas por escrito, é que se desenvolverá o trabalho de composição dos evangelhos que agora conhecemos, cada um deles adotando uma perspectiva particular na forma de apresentar a mensagem de Jesus.

Seremos mais breves em relação ao evangelho segundo Marcos e nos deteremos em mais detalhes na apresentação dos evangelhos segundo Mateus e Lucas. Concordamos com Gerd Theissen quando afirma que a redação de cada um dos evangelhos pretende orientar a comunidade cristã à qual se dirige diante de pelo menos cinco desafios:

a) propor uma adequada imagem de Jesus, assumindo os dados provenientes da memória e atualizando-os para as circunstâncias atuais (do momento da redação);

b) oferecer indicações de como a comunidade deve agir em relação ao mundo social, político e cultural que a rodeia;

c) definir as relações da comunidade com o judaísmo, do qual o movimento de Jesus surge;

d) encaminhar soluções para conflitos no interior da comunidade;

e) definir critérios de autoridade e liderança para a organização e desenvolvimento da comunidade.[9]

4.1. A redação dos evangelhos sinóticos

Os três primeiros evangelhos do Novo Testamento são chamados "sinóticos". Com essa expressão se quer falar das inúmeras semelhanças, de conteúdo e de seqüência narrativa, encontrados entre eles. Por outro lado, ressalta-se a distância entre esses três evangelhos e aquele segundo João, muito distinto sob todos os aspectos.

Na relação entre esses três evangelhos, desde o século XIX vem se impondo a teoria segundo a qual o mais antigo deles, e utilizado na redação dos outros dois, é o evangelho segundo Marcos. Assim, o fato de uma passagem como a purificação do leproso aparecer nos três evangelhos sinóticos (Mc 1,40-45; Mt 8,1-4; Lc 5,12-16) se explicaria pela utilização que em Mateus e Lucas se fez da narrativa encontrada em Marcos. Mas o que dizer de tantas passagens encontradas em Mateus e Lucas sem nenhuma correspondente em Marcos? É o caso das bem-aventuranças, que já vimos, do Pai-nosso (Mt 6,9-13; Lc 11,2-4), das tentações de Jesus (Mt 4,1-11; Lc 4,1-13) etc. Já falamos da provável existência de um evangelho hoje perdido, que conhecemos com o nome Q (da palavra alemã *Quelle*, que significa "fonte"): ele seria um escrito que conteria (pelo menos) esse material encontrado em Mateus e Lucas e não em Marcos. Assim, podemos visualizar a relação entre os evangelhos sinóticos da seguinte maneira:

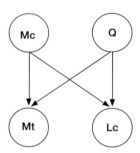

Antes, porém, de ser fonte para os evangelhos segundo Mateus e Lucas, o escrito Q foi um texto autônomo, um "evangelho", que fundamentalmente conservava palavras de Jesus. Não está interessado em relatar suas atitudes, gestos ou milagres. Nenhuma menção à morte e ressurreição é nele encontrada. Ele se importa em relatar parábolas, sentenças, afirmações do Mestre galileu. Foi escrito entre os anos 40 e 50, em alguma região da Galiléia.

---

[9] THEISSEN, Gerd. *Los evangelios y la política eclesial*; un enfoque socio-retórico. Estella, Verbo Divino, 2002. pp. 12-16.

Para Q, Jesus é principalmente um mestre; sua sabedoria ensina a viver as diversas situações cotidianas de conflito e incômodo. É crítico da situação social da época e sugere caminhos alternativos de conduta. Mas ao mesmo tempo fala de conflito e julgamento. Parece que a comunidade onde Q surgiu viveu uma experiência particular de seguimento de Jesus, baseada nas suas atrevidas palavras, e que num determinado momento teve de sofrer também rejeição e hostilidade. Alguns textos importantes de Q (sempre citados pelo texto de Lucas), além dos já citados, são os que aparecem em 7,31-35 (sobre os contemporâneos); 9,58-62 (condições para se tornar discípulo de Jesus); 10,13-15 (julgamento das cidades galiléias); 10,21-22 (revelação de Deus aos pobres); 12,22-31 (sobre preocupações com o comer e vestir). O que importa notar é que, para uma comunidade que viveu entre dez e vinte anos depois da morte de Jesus, foi significativo preservar e atualizar suas palavras. Certamente elas calaram fundo. Jesus se mostrava a ela como o mestre que ensinava a viver de forma radical e a resistir dentro de condições adversas. Uma comunidade de pobres que, ao acolher e praticar os ensinamentos do mestre, descobria seu próprio valor e sua missão. Vivendo assim, era o caminho dos profetas, desde os inícios, que estaria sendo trilhado (11,49-51).

4.2. A redação do evangelho segundo Marcos

O mais breve dos evangelhos é de uma originalidade surpreendente. Sua aparente desordem na exposição do material não deve esconder uma apresentação poderosa da figura de Jesus e a indicação de desafios exigentes para quem o queira seguir. O texto reflete, em muitos aspectos, os conflitos resultantes da já citada revolta judaica contra a ocupação violenta por parte do Império Romano, com a conseqüente destruição de Jerusalém e o incêndio do Templo (entre 66 e 73). Apesar de a tradição propor a cidade de Roma como o local da escrita do evangelho, julgamos mais viável localizá-lo em alguma região de Israel (provavelmente a Galiléia), ou próximo daí.

Marcos é literatura popular em diversos sentidos: linguagem simples e acessível, estilo anedótico e comparações extraídas do mundo rural. Observando seu esquema geral, pode-se notar que a primeira parte (Mc 1–9) se estrutura na Galiléia e imediações, enquanto a segunda (Mc 11–16) situa-se em Jerusalém. O capítulo 10 faria a transição. Na Galiléia, a atuação de Jesus é sempre positiva e simpática: atrai pessoas, realiza milagres e curas em favor da população sofrida, e encara conflitos também. Mas em Jerusalém as adversidades são maiores e terminam com a morte na cruz.

A cruz, aliás, é o tema para o qual converge toda a narrativa do evangelho segundo Marcos. Nela se procura evidenciar o paradoxo de que um pobre crucificado é o messias, o Filho de Deus. A morte desse esquecido de Deus (Mc 15,34) passa a ser, então, um protesto. Diante do grito na cruz a identidade de Jesus é reconhecida, mas quem a declara é justamente um estrangeiro, pagão e matador, um centurião romano (Mc 15,39).

Como dissemos, situamos a escrita do evangelho segundo Marcos em pleno ambiente da guerra dos judeus pela independência em face dos romanos e da repressão violentíssima da máquina imperial de repressão. Enquanto a revolta se espalhava e o povo era convocado para a guerra, a luta armada podia parecer uma realidade viável. Outros propunham a passividade ou a fuga como forma de encarar a situação. Em meio a tudo isso, nosso evangelho apresenta a via do Reino de Deus, sinalizado pelo caminho da cruz. Nesse sentido, ele pretende ser uma espécie de manual do discípulo, ou seja, quer mostrar o caminho do seguimento de Jesus. Na época em que ele está sendo escrito, a primeira geração de discípulos já havia morrido, muitos deles martirizados. Diante das novas lideranças e das muitas comunidades que surgiam, também a maneira de seguir Jesus sofria variações. O evangelho, então, apresenta os discípulos como objeto de particular atenção por parte de Jesus. Mas eles parecem não corresponder, são lentos e chegam a recusar-se a aceitar que o caminho do Messias, e de quem quiser segui-lo, passa pela cruz; têm ambições de poder, glória e triunfo (veja Mc 8,27-33; 9,30-37; 10,32-45).

Estaria o evangelho ironizando as pretensões e o modo de pensar das lideranças das comunidades de seu tempo? De Mc 8,27 em diante, o que se assiste é a um progressivo afastamento dos discípulos em relação ao caminho que Jesus diz ser necessário trilhar, aquele que o conduzirá à morte humilhante na cruz. Ao que parece, nosso evangelho pretende alertar contra algumas práticas e expectativas que se criaram no contexto da guerra sobre o aguardo do retorno de Jesus. O difícil capítulo 13 reconhece que ele voltará em breve, mas é necessário enfrentar as hostilidades do tempo presente (o tempo das comunidades). A volta do Filho do Homem, indicada pelos acontecimentos que estariam culminando com a destruição da Cidade Santa, não pode ser motivo para afastar-se dos compromissos históricos e deixar de lado o testemunho do messias crucificado.

Essas poucas indicações são suficientes para apontar que o eixo fundamental a estruturar a narrativa marcana é o seguimento. O que se espera do discípulo de Jesus é que se disponha a fazer o caminho que ele trilhou. Tal objetivo se expressa também no desfecho surpreendente da narrativa, que, conforme sugerem os manuscritos mais antigos, "termina" em 16,8.[10] E ali se vê que a narrativa propriamente não termina; ela mostra Jesus inaugurando, por sua prática, o caminho que deverá ser trilhado pela gente que o segue, caminho que começa na Galiléia, a periferia de Israel (16,7), e segue, em meio a conflitos, à capital Jerusalém, onde a cruz os aguarda (8,34ss).

---

[10] Os manuscritos mais antigos traziam a narrativa apenas até 16,8. Posteriormente houve quem estranhasse a forma surpreendente do término da narrativa, sem as manifestações do Ressuscitado. Os vv. 9-20 são uma espécie de resumo das narrativas das aparições e ascensão encontradas nos outros evangelhos, inserido posteriormente no evangelho segundo Marcos.

Na verdade, a síntese da narrativa marcana está no seu primeiro versículo: trata-se de um relato sobre Jesus, um evangelho, ou melhor, um relato sobre o início do evangelho, já que o caminho inaugurado por Jesus deverá ser trilhado por aquelas pessoas que, a exemplo do cego Bartimeu (10,46-52), da mulher de Betânia (14,3-9) e das mulheres lideradas por Madalena (15,40-41), se dispuserem a acompanhá-lo no caminho que vai até a cruz. Ali compreenderão em que sentido Jesus é efetivamente messias, o Filho de Deus.

4.3. A redação do evangelho segundo Mateus

Por que o evangelho segundo Mateus começa com uma genealogia? Ela parece seguir um esquema, apresentado em 1,17. Na verdade, ela e a cena seguinte, sobre a origem de Jesus, indicam aspectos decisivos na leitura do conjunto da obra que agora consideraremos.

Na Bíblia judaica, as genealogias aparecem em vários momentos (veja o livro do Gênesis). A sucessão das gerações estabelece laços e diferenças, solidariedades e relações. Mateus 1,2-17 mostra que Jesus pertence ao povo de Israel. Ele é "filho de Abraão" (1,1), surge do meio do povo e deve ser entendido à luz de toda a história contada nas Escrituras. Eis uma chave importante para abrir nosso texto: é a partir da história, das tradições, da cultura do povo de Israel que Jesus será compreendido.

Além disso, Jesus é apresentado como "filho de Davi" (1,1). A figura desse rei era, para muita gente naquela época, a referência para pensar no messias, no ungido de Deus, e assim construir caminhos alternativos para o povo nos desafios do dia-a-dia. Jesus tem algo que se encaixa neste perfil? Que Davi é aqui recuperado, que messias é Jesus? A genealogia oferece duas indicações.

Primeiramente notemos o nome de quatro mulheres na genealogia, algo inusitado (vv. 3.5.6). Injustiçadas de alguma forma, transgrediram os estreitos espaços a que estavam confinadas e, por isso, entraram na história do povo (Gn 38; Js 2; 6; Rt; 2Sm 11), história essa que o evangelho apresentará como o chão no qual Jesus vai viver e agir. Essas mulheres antecedem e antecipam Maria, a mãe do messias. Assim recolocam em outros padrões a figura e a compreensão do messias e do futuro desejado, a ser construído a partir de novas relações que no presente vão superando os esquemas patriarcais e os demais mecanismos de exclusão.

A segunda indicação vem exatamente da quinta mulher que aparece no fim da genealogia e de quem se vai falar mais na passagem seguinte: Maria. Se seu marido José pretende deixá-la assim que ela aparece grávida (1,18-19), Deus escreve certo por linhas tortas: José haverá de assumir a criança, a profecia secular se cumprirá, a mulher se verá justificada. O nascimento do Messias indicará o perfil de sua ação.

Uma rápida leitura de Mateus 1 aponta as perspectivas principais que norteiam a elaboração da obra no seu todo, boa parte delas referentes à vivência da Lei judaica. Além disso, Mateus supõe a destruição de Jerusalém e os desafios de recomeçar. Esse contexto de retomada do passado e busca de alternativas para o presente e o futuro dá o tom do evangelho: o Messias que daí surge retoma e assume os caminhos tortuosos da história do povo.

Assim, o evangelho segundo Mateus aparecerá como o testemunho de uma comunidade desafiada a colocar na vida, de forma criativa e renovada, o que recebeu de Jesus e da gente que por primeiro o seguiu. Por isso precisamos situar essa comunidade, para identificar os seus desafios principais, que se refletiram no evangelho a ela dirigido. Uma justiça da qual se deve ter fome e sede, e em relação à qual não se deve temer a perseguição (5,6.10).

a) O mundo da comunidade de Mateus[11]

A comunidade que nos deixou o evangelho segundo Mateus falou muito pouco de si. Por uma leitura cuidadosa do evangelho, nas suas entrelinhas, se revelará um pouco da história, dos costumes, da mentalidade da comunidade onde este evangelho surgiu.

É marcante em Mateus a menção a elementos da cultura e da religião de Israel. Para a comunidade de Mateus parece claro que não é possível entender Jesus sem referência à memória do povo, de seus profetas, dos homens e mulheres que fizeram sua história. Se, por um lado, com certeza existiam na comunidade pessoas de diversas proveniências, por outro, também é certo que a maioria se compunha de gente herdeira da história de Israel e Judá. A comunidade de Mateus se vê claramente parte do povo de Deus que começou com Abraão e fez história com Jacó, Tamar, Rute e tantos mais. Esse reconhecimento será decisivo no seu entendimento da história de Jesus e na forma de assumi-la, percebendo os desafios que se colocam para ela no seguimento do novo Moisés.

Esse uso criativo dos textos proféticos é parte de um processo maior, muito utilizado pelo povo judeu, chamado *midraxe* (termo oriundo de um verbo hebraico que significa "procurar"). Tomemos o exemplo da narração da fuga de Jesus para o Egito, do assassinato das crianças por Herodes e do retorno após a matança (2,13-23), que faz imediatamente pensar na história narrada pelo livro do Êxodo, com a matança das crianças no Egito, a fuga de Moisés para não ser morto pelo faraó e seu posterior retorno. Com a memória da história do êxodo, a comunidade de Mateus pretende muito

---

[11] Para mais detalhes, OVERMAN, J. Andrew. *O Evangelho de Mateus e o judaísmo formativo*; o mundo social da comunidade de Mateus. São Paulo, Loyola, 1997.

mais que simplesmente contar uma história de Jesus parecida com aquela que todo mundo já conhecia. Ela está fazendo uma leitura da política, da forma de os poderosos governarem e de como a missão de Jesus (e da comunidade) se situa nesse contexto: é necessário reagir, promover um novo êxodo.

Daí notamos outro detalhe importante; por vezes as citações da Escritura encontradas no evangelho apontam para debates em torno de seu entendimento ou da compreensão de alguma situação da vida cotidiana. Em 5,21-48, várias prescrições da Lei são apresentadas como que necessitando de complementação ou, quem sabe, correção. Parece haver uma compreensão mais ou menos "oficial" ou comum da Escritura e o evangelho, por vezes, apresenta alternativas até ousadas de ler esses textos, partindo dos desafios encontrados no seu cotidiano.

Mas além da releitura das Escrituras, encontramos em Mateus a retomada criativa das memórias sobre Jesus, registradas em Marcos e em Q. Também as histórias e os ensinamentos de Jesus são relidos tendo em vista os desafios enfrentados pela comunidade, suas preocupações e expectativas. Assim, o evangelho segundo Mateus não é mera junção dos materiais já conhecidos. Na maneira de ele se organizar podem ser percebidos as opções, os destaques, as insistências e as preocupações principais para a vida da comunidade. Para ficar com apenas um exemplo, compare Marcos 2,23-28 com Mateus 12,1-8. O relato que lemos em Mateus é muito mais ligado aos dados da tradição judaica: além de lembrar o episódio de Davi e seus companheiros, como faz o texto marcano, menciona também as práticas dos sacerdotes do Templo e ainda o texto de Oséias 6,6 no v. 7. Ao mesmo tempo, reconhece-se que no ambiente de Mateus há para com o sábado uma atitude de maior cautela e respeito: em Marcos, os discípulos podem fazer o que estão fazendo porque "o sábado foi feito por causa do ser humano, e não o ser humano por causa do sábado"; o Filho do Homem é senhor do sábado pela mesma razão. Em Mateus o argumento é outro. Os discípulos agem no sábado porque seguem o Filho do Homem, alguém superior ao Templo e aos sacerdotes; aliás, estes atuam no sábado e não são condenados. A crítica aos fariseus é feita não por uma "releitura" do sentido do sábado, mas pelo apelo à misericórdia: esta é mais importante que a pura e simples observação de preceitos.

Situações como essa, em que Jesus se contrapõe aos fariseus, são constantes em Mateus. Notemos duas: em Mateus 5,20 se diz que para entrar no Reino dos Céus é necessário praticar uma justiça maior que a dos escribas e fariseus; e no capítulo 23 estes são severamente acusados. Se nos recordamos que os fariseus são os líderes do povo e exercem sua liderança nas sinagogas, e ainda lemos Mateus 10,17, poderemos imaginar a situação da comunidade. O evangelho vê nisso intolerância e incompreensão por parte desses que são as lideranças mais respeitadas do povo.

Consideremos outro aspecto. A comunidade de Mateus percebe a forma como a sociedade está organizada e qual seu lugar nela. Isso reflete com certeza a situação vivida por muitos membros da própria comunidade. As dívidas ameaçam a liberdade e o futuro; na oração do Pai-nosso, isso fica muito claro (6,9-13; veja ainda 18,23-35). Ela também é sensível à participação das mulheres. Apesar de viverem numa sociedade em que o poder e a liderança estavam concentrados nas mãos dos homens, elas são presença marcante e dão um tom todo especial ao jeito de ser da comunidade. Foram as antepassadas do Messias que souberam sair dos espaços estreitos a que a sociedade as condenava e construir alternativas para si e para o futuro. Deram força para as mulheres da comunidade, que não se esquecem de que foram as mulheres que receberam a notícia da ressurreição, viram o Ressuscitado e passaram tudo isso adiante (28,1-10).

Quando e onde viveu a comunidade que recebeu o evangelho segundo Mateus? Vamos partir do ano 70, cerca de quarenta anos após a morte de Jesus. A destruição de Jerusalém representou para Israel o fim de uma etapa e a necessidade de reconstruir a vida e as esperanças a partir da terra arrasada. Destruído o Templo, ficam as sinagogas, que passam a ser, então, o centro da vida religiosa do povo. Nesse mesmo processo vai se tornando cada vez maior a importância do texto sagrado, especialmente dos cinco livros da Torá. A reflexão desses textos se difundirá cada vez mais no meio do povo e será o eixo fundamental da vida religiosa e social dos judeus. A comunidade de Mateus vive intensamente esse processo. É uma das comunidades minoritárias, que não detêm poder e sentem que as lideranças são corruptas e traidoras dos anseios do povo. Na linguagem da minoria, esses líderes são "hipócritas" (veja o capítulo 23).

Talvez possamos localizar a comunidade que recebeu o evangelho em Antioquia, uma das maiores e mais importantes cidades do Império Romano daquela época, com um grande número de judeus. Foi no meio deles que se formou um grupo seguidor de Jesus e que se tornou uma comunidade muito destacada (At 11,19-26). O lugar dessa comunidade também poderia ser alguma vila da Galiléia ou da Síria. O que importa é reconhecer que no ambiente da comunidade de Mateus a presença dos costumes, das tradições e instituições da religião do povo de Israel é muito marcante e que a comunidade se situa no esforço de dar-lhes vida nova, no meio de conflitos com as lideranças, conflitos que tendem a se agravar.

Esses dados situam o surgimento de nosso evangelho por volta de 85, mais de cinqüenta anos depois da morte de Jesus e cerca de quinze após o massacre do ano 70. É necessário começar tudo de novo, reorganizar as comunidades, a religião, a vida cotidiana. Nas sinagogas, os conflitos ficarão evidentes e progressivamente a comunidade de Mateus se verá desafiada a trilhar novos caminhos. A comunidade parece até já estar se afastando ou sendo afastada das sinagogas lideradas pelos fariseus e escribas (10,17; veja ainda que em 4,23; 9,35; 12,9; 13,54; 23,34 se fala de "sinagogas deles" ou "sinagogas de vocês", como se elas fossem um lugar estranho para Jesus e para a comunidade). Essa exclusão da sinagoga trará com o tempo sérias conseqüências para a vida das pessoas. Isso ainda não acontecia na época em que o evangelho estava sendo escrito, mas permite imaginar a gravidade da situação que a comunidade começava a viver.

b) Escrevendo um evangelho

Cabe agora verificar a maneira como o evangelho segundo Mateus se organiza. Vamos tomar como referência uma espécie de refrão que aparece cinco vezes no decorrer do evangelho e encerra cinco longos discursos de Jesus:

5,3–7,27	o chamado "sermão da montanha" (conclusão em 7,28)
10,5-42	instruções aos discípulos (conclusão em 11,1)
13,4-52	um conjunto de parábolas (conclusão em 13,53)
18,3-35	instruções sobre a vida na comunidade (conclusão em 19,1)
23,2–25,46	ensinamentos conclusivos (conclusão em 26,1)

Vemos com isso que o evangelho segundo Mateus é muito bem organizado. As cinco longas falas de Jesus em Mateus são muito diferentes entre si, mas o evangelho insiste em marcar o final de cada uma delas com quase o mesmo refrão, como a dizer que em cada uma dessas passagens é uma etapa importante da narração do evangelho que chega ao fim. Há quem pense que a comunidade de Mateus organiza seu evangelho dessa maneira para realçar que Jesus age como Moisés, que deixou a Lei ao povo em cinco livros (a Torá, ou Pentateuco). Em cinco discursos Jesus estaria comunicando a nova Lei, aquela que faz superar a justiça dos escribas e fariseus. Afinal de contas, Jesus é o "mestre", o "rabi" da comunidade (Mt 23,8).

Mas pode-se dar mais um passo e notar que, por conseqüência, o evangelho está organizado numa sucessão de narrativas (N) e discursos (D) de Jesus:

1)	N 1-4	a origem e o começo da atividade do Messias
2)	D 5-7	a grande convocação: "Busquem o Reino e sua justiça"
3)	N 8-9	a autoridade de Jesus e convite ao Reino
4)	D 10	a convocação para a missão com as ovelhas sem pastor

5) N 11-12   o Messias, rejeitado por uns e acolhido por outros
6) D 13   as parábolas e os mistérios do Reino
5) N 14-17   o Messias, reconhecido e questionado
4) D 18   a organização da comunidade
3) N 19-22   a autoridade de Jesus e os desafios do Reino
2) D 23-25   os descaminhos e a coragem de decidir pela justiça do Reino
1) N 26-28   morte, ressurreição, novo começo

Há uma correspondência entre as partes: a primeira (1-4) fala das origens do messias e do início de sua atividade, enquanto a última (26-28) narra sua morte e ressurreição, que representam um novo começo. Também entre a segunda (bem-aventuranças) e a penúltima ("mal-aventuranças"), e assim por diante. O eixo é o discurso das parábolas, que põe como horizonte o Reino e o desafio de agir como o escriba que sabe tirar do baú coisas novas e velhas (13,52).

c) Eixos fundamentais do evangelho segundo Mateus

Conhecemos assim um pouco do mundo da comunidade em que o evangelho segundo Mateus foi escrito e para quem ele foi dirigido. Ficamos sabendo das preocupações e desafios dessa comunidade, um pouco do seu cotidiano e de sua luta, e ainda alguns dos recursos e dos materiais que a comunidade tinha em mãos, que serviram para a elaboração do seu evangelho. Agora sugerimos algumas pistas gerais, algumas linhas que orientaram a comunidade na elaboração do conjunto do evangelho, e que certamente provocam o testemunho cristão nos dias de hoje.

1) *O Reino de Deus e sua justiça*: a crítica às lideranças judaicas e a interpretação que elas faziam da Lei de Moisés têm um eixo fundamental: a prática da justiça. A comunidade é convidada a interpretar, aplicar, praticar e viver a Lei por meio da justiça. A chave nesse sentido é Mateus 5,17-20: a comunidade há de entender a função da Lei e das tradições do povo de Israel apontando para uma "justiça maior". A Lei é a mesma, as tradições também, mas a releitura delas deve levar a uma justiça superior àquela definida pelas lideranças e mestres da sinagoga. Isso definirá o discípulo e a discípula de Jesus. Veja Mateus 5,21-48: a interpretação da lei feita pela comunidade tendo como critério o que ela entende ser a justiça maior. Dessa maneira, a acolhida da Lei e sua aplicação nos atos de justiça e misericórdia são o grande fator que há de identificar a comunidade, afastando-a das lideranças judaicas. Os ensinamentos de Jesus se distinguem dos ensinamentos dos fariseus e escribas, ou seja, a prática da Lei na comunidade deve diferenciar-se daquela apresentada pelas lideranças judaicas da época, particularmente pela acolhida de quem estava à margem.

2) *Os pequeninos e a justiça*: A parábola do chamado "juízo final" (25,31-46) destaca a solidariedade com a gente marginalizada, chamada no evan-

gelho os "pequeninos". Aqui se indica o significado de "fazer a vontade do meu Pai" (veja 7,21-23). Em vez de enfatizar os termos do fim do mundo, a parábola aponta para a exigência fundamental: a atenção solidária para com famintos, sedentos, migrantes, doentes e tantos mais que estão à margem da sociedade. Vale recordar que a primeira proclamação sobre o Reino no evangelho segundo Mateus indica que ele é dos pobres. É o que lemos nas bem-aventuranças: os pobres têm a força do Espírito para superar as situações de marginalização e são agentes da justiça, mesmo que isso lhes custe ainda mais sofrimento e perseguição (5,3-12).

3) *A comunidade e os pequeninos*: a centralidade da justiça para os pobres é tamanha que o evangelho não teme definir a organização da comunidade em função desse desafio. Especialmente Mateus 18 mostra que a Igreja, comunidade das pessoas que buscam fazer a vontade do Pai, não pode deixar à margem sequer um pequenino (18,1-14). A esse desafio radical se somam outros dois, igualmente impactantes: o diálogo (18,15-20) e o perdão sem reservas (18,21-35).

4) *Um particular desenho do Messias*: O evangelho segundo Mateus se apresenta como "Livro da origem de Jesus Cristo". Não é apenas a genealogia que trata da origem; o evangelho não é uma obra acabada, ele narra apenas o começo da história de Jesus, aquela parte em que ele se mostrou visível, nascido em situação muito complicada, pregando a boa notícia do Reino e de sua justiça, acolhendo os pobres e marginalizados, e por isso sendo morto. Mas isso é só o começo da história. Jesus presente no meio da comunidade é Deus presente (1,23). Assim, a primeira coisa a ser dita de Jesus é que ele não é figura do passado, mas presença viva do próprio Deus na vida da comunidade.

Mas a presença de Jesus no meio da comunidade provocou uma grande transformação na sua maneira de ver o mundo, entender a vida e os desafios do cotidiano. Mudou radicalmente o jeito de ela avaliar a ação do império, as idéias religiosas, as práticas em torno da Lei. Tudo isso que constitui o modo de a comunidade seguir Jesus aparece no evangelho na própria ação do Cristo, ou seja, do Messias que a comunidade reconhece. Nele a Lei e os Profetas alcançam sua plenitude. Em Mateus 2, a aproximação entre Jesus e Moisés mostra que a missão de ambos é semelhante. Recordar a ação libertadora de Moisés ajuda a compreender o sentido da ação de Jesus, o novo Moisés da comunidade.

Além disso, Jesus é considerado "filho de Davi", o Messias. Que imagem de Davi é assumida em Mateus? A genealogia deixa clara a escolha: é a de Davi-rei (1,6). Mas rompe com a imagem costumeira desse rei. Trata-se da figura não do rei triunfal e glorioso, mas sim do rei que não mede esforços para satisfazer seus caprichos e, por isso, manda matar o marido para ficar com a esposa que ele tinha engravidado. Um Davi que vem não da prepotência patriarcal, mas sim da luta das mulheres e da justiça que se consegue pela ousadia e pela coragem. É desse Davi que Jesus é filho, é dessas mulheres que Jesus é descendente. Assim a comunidade compreende que para que seu nascimento fosse possível também foram necessárias coragem e ruptura dos padrões estabelecidos (1,18-25). Então: Jesus, Messias, Filho de Davi, sim. Mas um messias que nasce na contramão e que vai fazer seu caminho na contramão, propondo a justiça que vai além daquilo que está estabelecido, que inclui quem está excluído, que sugere novas relações e práticas a serem realizadas com base no resgate de tradições e valores da Lei e das Escrituras.

4.4. A redação do evangelho segundo Lucas e dos Atos dos Apóstolos

Quando abrimos o evangelho segundo Lucas, não podemos nos esquecer de que ele é a primeira parte de uma obra maior, que se completa com os Atos dos Apóstolos. Sua preocupação é não apenas apresentar a trajetória de Jesus, mas também situá-la na relação com os primeiros passos dados por algumas das comunidades suas seguidoras, particularmente as de Jerusalém, Antioquia e algumas daquelas fundadas pelo apóstolo Paulo. Assim, a obra lucana, resultado de muita pesquisa (veja 1,1-4), percorre um longo percurso, que vai desde o nascimento de João Batista e Jesus até a chegada de Paulo em Roma: cerca de sessenta anos. A conclusão é que não se deve isolar o evangelho segundo Lucas da sua continuação, os Atos dos Apóstolos.

a) O mundo da comunidade de Lucas[12]

Infelizmente também aqui não temos informações claras sobre a comunidade para a qual a obra lucana foi dirigida. Mas é possível suspeitar. Estamos em uma comunidade que recebeu influências paulinas muito claras. Note a insistência com que aparecem cidades, seja no evangelho, seja principalmente em Atos. Ora, Paulo atuou principalmente nas grandes cidades da Grécia e da Ásia Menor: Éfeso, Corinto, Tessalônica etc. Qualquer que tenha sido, podemos ter certeza de que a comunidade de Lucas é de uma grande cidade do Império Romano. Nela encontramos os aspectos e os conflitos principais da cultura, da política e da vida social daquela época.

O Império Romano se impõe pela força, pela violência e pela submissão de povos inteiros. Uma das conseqüências disso se reflete particularmente nas cidades: mais de a metade da população delas era formada por escravos. E as diferenças entre as classes aumentaram. O escritor grego Alcifrão, no século II d.C., em uma de suas cartas assim dizia de Corinto, uma das

---

[12] Para mais detalhes, veja COMBLIN, José. *Atos dos Apóstolos*. Petrópolis/São Bernardo do Campo/São Leopoldo, Vozes/Metodista/Sinodal, 1988. v. 1, pp. 13-67.

grandes cidades da época: "Sei bem qual o tipo animalesco de conduta que os ricos desfrutam ali, e qual a miséria dos pobres".[13]

Alguns pensam que Éfeso tenha sido a cidade em que viveu a comunidade que recebeu a obra de Lucas. Nela Paulo passou longa temporada (At 19). Era uma das grandes cidades da época, considerada "a primeira cidade da Ásia". Era importante centro comercial, centro governamental da província e o maior porto da região. Era a principal ligação entre a Ásia e a Europa. Muitas pessoas afluíam a ela, por causa do comércio e, especialmente, das grandes peregrinações que se faziam ao Templo da deusa Ártemis, uma das sete maravilhas do mundo antigo. Ártemis havia muito tempo era identificada com a história da cidade e era chamada "a Rainha, a Dama, a Grandiosa, Guia e Protetora da cidade, Curandeira e Salvadora, a Santíssima". Várias cerimônias litúrgicas e culturais celebravam esta que era a "grande Ártemis dos efésios" (At 19,28). Em torno do seu culto se desenvolveu um grande comércio, além de outras atividades, como ginástica, hipismo, festivais de música e teatro etc. Além do culto a Ártemis, em Éfeso se desenvolvia uma série de outras práticas religiosas.[14]

A obra lucana foi produzida lá por volta do ano 85. Mais de cinqüenta anos após o assassinato de Jesus e cerca de vinte após o martírio de Paulo. Este, em sua missão, provocou muitas controvérsias e conflitos no interior das comunidades cristãs nascentes, por causa de suas propostas e sua liberdade de ação. Ele foi o responsável por uma série de mudanças nos rumos do movimento cristão, levando-o para além das fronteiras do mundo judeu (Gl 2; 1Cor 9; 2Cor 10–13). A obra lucana mostra que sua ação nada mais fazia do que levar adiante os caminhos indicados por Jesus de Nazaré: os Atos dos Apóstolos, apesar do título, têm como personagem principal justamente Paulo. Dos doze apóstolos praticamente nada se fala, a não ser algo sobre Pedro e algum outro. Isso mostra como o interesse da redação da obra estava centrado na figura de Paulo: apresentar sua atividade, seus esforços por levar adiante o Evangelho de Jesus.

Outro ponto importante que parece interferir na redação da obra lucana é a problemática convivência entre ricos e pobres no interior da comunidade. O evangelho apresenta vários textos em que se mostra um grande contraste entre as condições de vida dos ricos e a miséria dos pobres. Ora, isso atingia diretamente a vida da comunidade. Não era comum que ricos e pobres se sentassem à mesma mesa, compartilhassem a mesma vida e projetos, fizessem parte da mesma comunidade, da mesma assembléia, e que os pobres aí fossem tratados igualmente e de maneira digna. Na comunidade

---

[13] Citado em HOEFFELMANN, V. Corinto: contradições e conflitos de uma comunidade urbana. *Estudos Bíblicos*, 25 (Petrópolis, 1990), p. 25.
[14] Mais detalhes em SAOÛT, Y. *Atos dos Apóstolos*; ação libertadora. São Paulo, Paulus, 1991. pp. 161-174.

lucana, onde, ao que parece, os contrastes entre ricos e pobres também eram muito marcados, o desafio da fraternidade foi colocado. Afinal de contas, Jesus é entendido como aquele que foi ungido pelo Espírito para levar uma boa notícia aos pobres (veja 4,18), e os textos mostram a preocupação de que os ricos não sejam suficientemente radicais em sua adesão à comunidade e na acolhida da Palavra (veja 8,14).

Essa problemática se relaciona diretamente à questão da convivência entre judeus e pagãos no interior da comunidade, questão também herdada dos tempos de Paulo (veja Gl 2,11-14). O fato de um "concílio" ter sido convocado para enfrentar a questão (veja At 15) não significa que se haviam resolvido os problemas práticos quanto à observância de preceitos da lei judaica, à refeição comum e aos alimentos considerados impuros etc. No tempo em que o evangelho foi escrito, os não-judeus já deviam ser maioria. Aqueles de tradição judaica se sentariam à mesa com as pessoas de origem pagã?

Além disso, deve-se apontar mais um elemento importante, particularmente em relação aos membros da comunidade oriundos do judaísmo: a já mencionada destruição de Jerusalém e do seu Templo pelos romanos. Surge, então, a dúvida: seguir Jesus indica negar o passado e a fidelidade a Israel e a sua aliança com Javé? O fato de que em alguns lugares seguidores e seguidoras de Jesus estão sendo condenados e expulsos das sinagogas é motivo de apreensão: como a comunidade vai assumir a herança trazida e conservada pelo povo da Aliança? Como se darão nesse contexto as relações entre judeus e não-judeus?

Essas questões ficavam evidentes no momento das celebrações, em que aconteciam as refeições comunitárias e a Ceia do Senhor. Como realizar uma comunhão efetiva? Sabemos que esse já tinha sido o desafio de Paulo, especialmente na comunidade de Corinto (1Cor 10–11). No tempo em que foi escrito o evangelho, o problema não era diferente nem menor. Como o "partir o pão" (24,35) será ao mesmo tempo celebração e atitude de vida no dia-a-dia das comunidades, em benefício dos pobres, para a vida de todos? Como constituir comunidade efetiva no cotidiano das pessoas?

Deve-se notar ainda que a destruição de Jerusalém frustrou expectativas de alguns grupos que esperavam para logo a vinda definitiva de Jesus. Essa frustração foi aumentando com o passar do tempo. A comunidade deverá perceber que não é hora de ficar esperando que Jesus venha do céu (veja At 1,11) ou que o Reino se manifeste de forma inesperada e imediata (veja Lc 19,11). Ao contrário, o tempo é de testemunhar o Evangelho da salvação em toda parte. Aliás, essa é uma outra razão pela qual foi acrescentada ao evangelho uma outra obra, os Atos dos Apóstolos, na qual se narra exatamente o testemunho de alguns dos primeiros discípulos e discípulas de Jesus, inclusive Paulo.

A comunidade de Lucas, bem como todas as demais daquela época, vivia sob o domínio do Império Romano. E este se apresentava como grande benfeitor dos povos dominados, trazendo-lhes paz, segurança e desenvolvimento, à custa de muito sangue e violência.

A comunidade de Lucas conhece toda essa realidade. Ao que tudo indica, existiam no interior dela pessoas bem situadas economicamente, que veriam no império uma garantia de seu lugar privilegiado. Ela conhece também a propaganda oficial, que o império é garantia de bem-estar para todos. É possível conciliar essa compreensão do império com a proclamação de que Deus fala pela voz e pela ação de Jesus, alguém que foi crucificado por ordem dos romanos justamente porque foi visto como uma ameaça para a manutenção da ordem social e da organização política?

b) A organização da obra

Quando a obra lucana foi elaborada já se tinham passado cerca de vinte anos da morte de Paulo, mas os problemas que este tinha enfrentado continuavam presentes. Por outro lado já estamos numa nova fase do desenvolvimento do cristianismo, onde se procura recuperar e preservar as memórias a respeito de Jesus para que sirvam de estímulo à vida das comunidades, que já sentem o cansaço e as dificuldades do caminho. A comunidade de Lucas conhece tanto o evangelho segundo Marcos como a coleção Q. Mas, da mesma forma que no caso de Mateus, propõe-se aqui uma nova apresentação de Jesus e das primeiras comunidades. Não é cópia, mas reinterpretação do evangelho para a realidade da comunidade. Tome o caso de Lc 4,16-30 e compare com Mc 6,1-6, e verifique como o texto lucano ganhou em densidade e dramaticidade.

Mas esse texto permite notar outra coisa da maior importância. Note que o conflito de Jesus com seus conterrâneos se dá quando ele menciona a ação de dois profetas muito queridos da tradição israelita, Elias e Eliseu. O que se lembra deles é sua ação em favor de pessoas estrangeiras: a viúva de Sarepta e o sírio Naamã. Conflito semelhante marcou profundamente a vida de Paulo: a abertura do Evangelho e de sua mensagem para além das fronteiras do judaísmo (Gl 2; At 15). Esse episódio em Nazaré se torna central no texto lucano: o primeiro "incidente" da vida pública de Jesus já aponta para o que fora uma das tônicas da ação missionária de Paulo: é necessário ir além dos limites estabelecidos, há que se dirigir a todas as pessoas até então excluídas, há que chegar a Roma se preciso for. Jesus vai além de sua terra e leva a boa notícia aos pobres da Galiléia e da Samaria (já a partir da cena seguinte [4,31-44]); Paulo alargará esse horizonte, levando o Evangelho para além das fronteiras do judaísmo e incorporando as pessoas provenientes de outros povos às comunidades seguidoras de Jesus (veja At 13,44-52: note como o conflito que Paulo enfrenta aí é muito parecido com o que Jesus passou na sinagoga de Nazaré). Isso tem a ver exatamente com um dos grandes desafios da comunidade lucana: reconhecer que a ação de Deus neste "filho de José" tem conseqüências imprevisíveis, vai àquelas pessoas consideradas excluídas. A cena de Jesus na sinagoga de Nazaré, da forma como foi relida pela comunidade de Lucas, é o sinal de Deus de que sua ação libertadora dos pobres não tem fronteiras, supera preconceitos, inclui quem foi social e religiosamente colocado à margem.

Tendo em vista a sua realidade e tendo à disposição os dados que pôde recolher, essa obra em dois volumes apresenta Jesus e as primeiras comunidades seguindo um esquema que tem as seguintes partes:

- a expectativa e o surgimento do novo: João e Jesus (Lc 1–2);
- o ministério de Jesus na Galiléia (Lc 3,1–9,50);
- a viagem de Jesus para Jerusalém (Lc 9,51–19,28);
- Jesus em Jerusalém: paixão, ressurreição e ascensão (Lc 19,29–24,53; At 1,1-11);
- a primeira comunidade em Jerusalém (At 1,12–7,60);
- o testemunho aos gentios (At 8–15);
- as viagens de Paulo (At 16–20);
- o processo de Paulo em Jerusalém e Roma (At 21–28).

Esse conjunto assim organizado segue um eixo bastante significativo, que justamente deixa clara a compreensão que Lucas tem da ação de Deus na história humana, tendo em Jesus um momento central:

- o tempo da promessa: o tempo da Escritura judaica;
- o tempo do cumprimento: o tempo de Jesus e do Evangelho;
- o tempo do testemunho: o tempo das comunidades, dos Atos dos Apóstolos, o tempo do Espírito.

Nesses três momentos principais, Jesus ocupa o lugar central. Antes dele a história é marcada por promessas que se cumprem e se entendem a partir dele. Depois de Jesus vem o tempo do testemunho, em que as comunidades deverão espalhar a boa-nova trazida por ele e comunicada a partir do anúncio na sinagoga de Nazaré.

Nos dois primeiros capítulos encontramos os cânticos de Maria (1,46-55), de Zacarias (1,68-79) e de Simeão (2,29-32). Neles se encontram muitas referências à Escritura dos judeus. Por exemplo, o canto de Maria é muito parecido com o canto de Ana (1Sm 2,1-10), é uma releitura deste. Eles lembram muitos salmos e cânticos do povo judeu. Mas estão marcados pela expectativa do cumprimento das promessas registradas na Escritura (1,54-55.68-70; 2,30). Eles testemunham a ação poderosa e libertadora de Deus no passado e no presente do seu povo, na certeza de que o tempo novo está para chegar. Na verdade, todos os personagens dos capítulos 1 e 2, que giram em torno de João Batista e de Jesus, estão nessa expectativa.

Veja o que se diz de Simeão (2,25) e de Ana (2,36-38). Assim se resume o sentido da história do povo de Deus até João Batista: ele é o ponto de chegada desse momento da história e prepara a etapa nova (veja 16,16): nesse longo caminho, a Lei e os Profetas são o guia e a certeza da presença constante de Deus e ainda a indicação de seus projetos para seu povo.

Jesus não surge do nada, mas situa-se na seqüência dessa longa história do povo. Compartilha dessas expectativas todas, mas a comunidade tem a certeza de que com ele começa um novo tempo, o da realização de tais esperanças. É necessário colocar em prática, concretizar a libertação de Deus. Ele deixa isso claro já quando visita a sinagoga de Nazaré: o texto do profeta Isaías que foi lido "hoje se cumpriu" (4,21); o anúncio da boa notícia aos pobres está mais que na hora de ser realizado. A ação de Jesus é, portanto, a oportunidade de verificar que Deus está cumprindo o que prometeu.

Depois de Jesus o tempo é de testemunhar, de levar a boa notícia adiante, fazer com que pobres, prisioneiros, cegos e oprimidos de toda parte saibam que houve alguém que lhes trouxe a certeza da libertação. Dessa maneira também as comunidades que recebem o evangelho podem se situar, perceber aquilo que lhes cabe dentro do "projeto" de Deus: elas são parte de um longo caminho que vem sendo trilhado faz tempo, desde os inícios do povo de Israel. Agora as comunidades hão de fazer a sua parte, e isso os Atos dos Apóstolos chamam de "ser testemunhas" de Jesus (veja At 1,8). Os Atos nos relatam apenas o início dessa etapa do caminho, que precisa continuar a ser trilhado.

c) Eixos principais da obra lucana

Vimos anteriormente alguns aspectos da situação vivida pela comunidade lucana, seus problemas e desafios. A partir daí podemos nos perguntar pelas preocupações básicas que orientaram a elaboração da sua obra, evangelho e Atos. Pela forma como ela está organizada, podemos também imaginar quais serão seus temas principais. O que proporemos aqui são algumas linhas gerais que orientem na leitura da obra lucana.

1) *Minhas testemunhas*: o fato de a obra lucana se compor em dois volumes é significativo. Recordemos ainda a forma um tanto "estranha" com que o livro dos Atos termina. Mesmo sabendo da morte de Paulo, que já tinha acontecido há cerca de vinte anos (não nos esqueçamos de que estamos por volta do ano 85, e Paulo foi morto em meados da década de 60), a comunidade de Lucas não a descreve, preferindo terminar seu livro apontando para a continuidade: o testemunho vai sendo levado à frente, precisa ser levado adiante. Ao contrário de outros grupos e textos cristãos, que esperavam um fim imediato da história e do mundo, com o regresso do Senhor Jesus, aqui temos a insistência na necessidade de dar o testemunho, de inserir na história, de transformar a sociedade, de interferir nas realidades do dia-a-dia da vida.

2) *Salvação para toda carne*: costuma-se dizer que a obra lucana é marcada por uma ênfase universalista. Com isso se quer dizer que no evangelho e nos Atos se insiste muito em que a ação de Jesus, que vem trazer a salvação de Deus, supera barreiras, transpõe fronteiras, rompe limites. A mensagem de Jesus e, antes, a de João apontam para a salvação de Deus agindo em favor de toda a humanidade, como se lê na extensa citação de Isaías 40, presente em 3,4-6. Isso tem com certeza ecos da ação de Paulo que, como já foi dito, rompeu com concepções que privilegiavam os judeus em face dos pagãos no interior da comunidade. Em 4,16-30 esse aspecto fica bem marcado: a ação libertadora de Jesus que se inicia tem horizontes amplos, vai além de fronteiras já estabelecidas. Evidentemente será no livro dos Atos, especialmente na apresentação da missão de Paulo, que esse aspecto será bastante desenvolvido, mas podemos percebê-lo quase a cada página do evangelho.

Isso significa reconhecer que as opções de Deus são absolutamente inesperadas, fora dos padrões comuns. Isso se mostra claro particularmente no capítulo 15, que, como vimos, compõe-se de três parábolas que servem de resposta às críticas a Jesus, que estava se misturando com gente pouco recomendável, de má fama. Essas parábolas, na forma como estão apresentadas, questionam em duas direções. Em primeiro lugar, que Deus é esse, apresentado com as imagens de um pai, de um pastor ou, ainda, de uma mulher? Sim, porque, para falar das opções de Deus (e, portanto, de Jesus), as parábolas do capítulo 15 usam como espelhos estes personagens: um pai, um simples pastor e uma mulher pobre. Em segundo lugar, se as opções de Deus são reveladas por essas parábolas, elas com certeza não se explicam dentro da lógica comum, que prioriza quem já é privilegiado. Quem deixaria noventa e nove ovelhas para ir atrás de uma?

Essas parábolas e tantos outros textos do evangelho têm a finalidade de mostrar como a ação e o olhar de Deus, sua sensibilidade e suas opções vão muito além do que podem imaginar as leis estabelecidas na sociedade e os preconceitos nela existentes. E Jesus é o espelho desse modo de ser e agir de Deus. Assim surgem com grande força expressiva episódios como o da mulher que Jesus reconheceu e acolheu por seu grande amor, enquanto todos a rotulavam como pecadora (7,36-50). Com isso são revistos os modelos de justiça e da ação adequada: quem poderia esperar que um escriba fosse convidado a olhar para um samaritano como exemplo de prática da solidariedade em favor do próximo? Justamente alguém considerado impuro, pecador, desprezível (10,25-37).

3) *A pobreza dos discípulos*: é na radicalização da solidariedade com os pobres que encontramos o acento mais insistente do relato lucano quanto à universalidade. Já indicado no Magnificat (1,46-55), esse caminho é também o caminho de Jesus, como fica claro pela leitura de Isaías 61 na sinagoga de Nazaré (4,16-19).

E esse contraste absoluto que encontramos no canto de Maria se mantém no desenrolar do evangelho: basta ver a redação das bem-aventuranças, logo seguidas de "mal-aventuranças" (6,20-26); trata-se das primeiras palavras dirigidas ao conjunto dos discípulos. No contexto da viagem de Jesus a Jerusalém são inúmeras as passagens em que se desenvolve a crítica a uma mentalidade de acumulação. Ao mesmo tempo a escolha dos pobres e excluídos mostra-se não só um gesto de Deus, mas também uma exigência aos seguidores e seguidoras de Jesus (veja 12,16-21; 16,1-8.19-31). Destaque para o capítulo 14, todo voltado a mostrar a falta de sentido de uma vida social que não inclui os pobres. O contexto de uma refeição é extremamente oportuno: o banquete do Reino acolhe aqueles que a sociedade deixa à margem, de diversas maneiras. Enquanto isso, aqueles muito "ocupados" dentro da lógica da sociedade acabam de fora (14,15-24).

Esse processo se desenvolve ainda mais e chega a seu ponto alto, no evangelho, na cena de Zaqueu, um rico que, na disposição em partilhar seus bens com os pobres e restituir o devido às vítimas de suas fraudes, tem a certeza de que a salvação aconteceu em sua casa (19,1-10). Eis aí um caminho possível, apresentado como exemplo e vivido, não sem dificuldades, pela primeira comunidade de Jerusalém (At 2,42-47; 4,32–5,11). Assim, a universalidade da ação de Deus, apontada na história de Jesus que se dirige aos pobres, se concretiza na vivência da comunidade que testemunha o senhorio do nazareno, que "hoje" realiza o que a profecia de Isaías aponta (4,21).

4) *A salvação não vem do império*: pode-se notar com o que acabamos de dizer que a obra lucana revela uma consciência social bastante aguda. Ela é absolutamente sensível à realidade dramática que tornava sofrida e difícil a vida da maioria dos habitantes das grandes cidades de sua região. Mas ela sabe também que essa realidade não é resultado do acaso. Tem razões e causas muito precisas, que devem ser buscadas no mundo da política. Daí que outra ênfase do evangelho e dos Atos recai na demonstração de como a mensagem de Jesus, sendo uma palavra para toda a humanidade, deve atingir também os espaços de poder, para que se abram à vida dos pobres. A decisão clara de Jesus de ir para Jerusalém, o centro religioso e político de Israel, se insere nessa perspectiva (9,51). Da mesma maneira o apelo de Paulo para ser julgado em Roma, a capital do império (At 25,11).

Como já se falou, um grande desafio encarado pela obra era a proclamação de que Deus se comunicou com seu povo por meio de Jesus, morto por ordem dos romanos. Ela conhecia a propaganda oficial que afirmava que o império era a garantia da paz e da prosperidade. A palavra "evangelho", que significa boa notícia, era muito utilizada para expressar vitórias militares ou acontecimentos marcantes na vida do imperador (nascimento, coroação). Alguns membros da comunidade poderiam estar influenciados por esse modo de pensar. Mas o Evangelho é outro: a salvação não deve ser buscada no imperador. Basta ler logo no início do evangelho a fala do anjo aos pastores (2,10-11). Recorde-se da inscrição que caracterizava Augusto como "o benfeitor dos homens, nosso salvador".

Em um contexto que afirma que a salvação vem pelo reconhecimento do poder imperial, a obra lucana proclama que a salvação vem por Jesus, nascido entre os pobres e ungido pelo Espírito para levar uma boa notícia a eles (recorde 4,18). Aliás, o evangelho procura explicitar a cada momento o que é a "salvação" e como se dá. Várias vezes Jesus é chamado "Salvador" (Lc 2,11; At 5,31; 13,23) ou "força de salvação" (Lc 1,69). Na criança recém-nascida, o ancião Simeão contempla, pela inspiração do Espírito, a salvação de Deus (Lc 2,30), "que nos liberta dos inimigos e da mão de todos que nos odeiam" (Lc 1,71) e se dirige àquelas pessoas julgadas indignas dela, para as quais não se prometia nada (At 13,47). Essa salvação há de ser "ouvida" (At 28,28) e "vista" (Lc 3,6) no meio das pessoas marginalizadas, ou seja, no meio delas se concretizará. Zaqueu, ao partilhar o que tinha com os pobres, soube que "a salvação entrou em sua casa" (19,9). A comunidade aposta em sua organização, em seus pequenos esforços para concretizar o desafio da fraternidade e da justiça; sua fé a incentiva a seguir o caminho da primeira comunidade (At 2,42-47; 4,32-37).

5) *"Com a força do Espírito"*: não estranha, diante de tantas propostas de revisão de critérios e de certezas, da conversão para outros valores, do reconhecimento de que a ação de Deus se dá das formas mais inesperadas, notar que um "personagem" acompanhe e inspire todo o desenrolar da narração, tanto no Evangelho como nos Atos dos Apóstolos: o Espírito Santo. Ele é o grande responsável por esse caminho de salvação apresentado à comunidade. Ele está com Jesus e o impele a todo instante (3,22; 4,1.14): leva-o para o meio dos excluídos, unge-o para a missão de levar uma boa notícia aos pobres (4,18). Da mesma forma se faz presente no início da pregação do Evangelho à gente de toda parte (At 2; 10,44-48): aí também ele aponta os caminhos novos que a Palavra deverá trilhar (At 8,4 – para a Samaria; 8,29.39 – para a África; 10,19; 13,2 – para os pagãos). A capacidade de se abrir a desafios novos, e não simplesmente repetir padrões já estabelecidos, é obra do Espírito, que pede o testemunho corajoso e ousado (At 1,8). A rigor essas "surpresas" do Espírito de Deus já se mostram no início do evangelho: ele vem sobre a virgem pobre de Nazaré, cuja gravidez deverá ser vista com outros olhos, os de Deus (1,35); enche de alegria e força a mulher grávida do sacerdote incrédulo (1,41); revela-se ao ancião, fazendo-o entender os rumos da história, o tempo do messias (2,25-26)!

Resumindo

O processo que vai desde a trajetória de Jesus de Nazaré, com seus primeiros discípulos e discípulas, até a redação dos evangelhos sinóticos nos apresenta uma dinâmica extremamente rica. Ele nos coloca em contato com comunidades que se formaram a partir da proclamação do Reino de Deus feita por Jesus e que procuraram vivenciar criativamente o seguimento dele, atentas que estavam aos desafios concretos colocados pela realidade. Os três evangelhos traduzem, portanto, o empenho de algumas das primeiras comunidades seguidoras de Jesus em traduzir a mensagem de Jesus como boa notícia, capaz de inaugurar renovadas formas de convivência entre as pessoas e redefinir a relação com Deus e a compreensão do que seja o seu Reino.

Perguntas para reflexão e partilha

1) Qual a importância de considerar o processo de formação dos evangelhos?

2) O que significa proclamar hoje Jesus, o Messias, o Filho de Deus?

3) De que maneira se pode atualizar para a vida das comunidades o desafio da justiça do Reino exposto no evangelho segundo Mateus?

4) Como compreender a proclamação lucana de Jesus como salvador em um contexto em que o império era considerado a grande salvação?

Bibliografia

a) Sobre o Jesus histórico

CROSSAN, John D. *O Jesus histórico*; a vida de um camponês judeu do Mediterrâneo. Rio de Janeiro, Imago, 1993.

MEIER, John P. *Um judeu marginal*; repensando o Jesus histórico. Rio de Janeiro, Imago (vários volumes).

THEISSEN, Gerd & MERZ, Annette. *O Jesus histórico*; um manual. São Paulo, Loyola, 2002.

b) Sobre a transmissão das memórias sobre Jesus e a redação dos evangelhos sinóticos

BULTMANN, Rudolf. *La historia de la tradición sinóptica*. Salamanca, Sígueme, 2000.

CROSSAN, John D. *O nascimento do cristianismo*; o que aconteceu nos anos que se seguiram à morte de Jesus. São Paulo, Paulinas, 2004.

THEISSEN, Gerd. *Colorido local y contexto histórico en los evangelios*; una contribución a la historia de la tradición sinóptica. Salamanca, Sígueme, 1997.

c) Sobre o evangelho Q

MACK, Burton L. *O evangelho perdido*; o livro de Q e as origens cristãs. Rio de Janeiro, Imago, 1994.

ROBINSON, James; HOFFMANN, Paul; KLOPPENBORG, John S. *El documento Q griego y en español*. Salamanca/Leuven, Sígueme/Peeters, 2002.

d) Sobre o evangelho segundo Marcos

CNBB. *Caminhamos na estrada de Jesus*. São Paulo, Paulinas, 1996.

GALLARDO, Carlos Bravo. *Jesus, homem em conflito*; o relato de Marcos na América Latina. São Paulo, Paulinas, 1997.

MYERS, Ched. *O evangelho de são Marcos*. São Paulo, Paulus, 1992.

d) Sobre o evangelho segundo Mateus

OVERMAN, J. Andrew. *Igreja, comunidade em crise*; o evangelho segundo Mateus. São Paulo, Paulinas, 1999.

VASCONCELLOS, Pedro Lima & SILVA, Rafael Rodrigues da. *Feliz quem tem fome e sede de justiça*. São Leopoldo, Cebi, 1999.

e) Sobre a obra lucana

COMBLIN, José. *Atos dos Apóstolos*. Vozes/Metodista/Sinodal, Petrópolis/São Bernardo do Campo/São Leopoldo, 1988. 2v.

MOXNES, Halvor. *A economia do Reino*; conflito social e relações econômicas no evangelho de Lucas. São Paulo, Paulus, 1995.

VASCONCELLOS, Pedro Lima. *A boa notícia segundo a comunidade de Lucas*. São Leopoldo, Cebi, 1998.

Capítulo quinto

O EVANGELHO E A TRADIÇÃO JOANINA

Frei Gilberto Gorgulho, op

O Quarto Evangelho é atribuído a João, filho de Zebedeu, um dos Doze. Tal visão vem de santo Irineu desde o século II de nossa era. A crítica moderna, no entanto, indica a origem e a autoridade deste evangelho como testemunho do Discípulo Amado e de sua escola. O evangelho e as três cartas pertencem a essa tradição vivida durante quase cem anos. O Discípulo Amado é a testemunha que leva à maturidade a fé em Jesus de Nazaré, o Messias, Filho de Deus e Palavra encarnada (Jo 1,12-14; 20,30-31).

1. A TRADIÇÃO DO DISCÍPULO AMADO

1.1. O discípulo amado

O Quarto Evangelho chama a atenção para uma testemunha ocular aos pés da cruz de Jesus (Jo 19,35). Indica-o como "o discípulo que Jesus amava" (Jo 19,26). João 21,20.24 fala até que esse anônimo Discípulo Amado dá testemunho e que "escreveu essas coisas". Ele foi identificado com João (filho de Zebedeu), com Lázaro de Betânia, com João Marcos e com Tomé. A presença do Discípulo Amado aos pés da cruz, momento em que todos os discípulos fugiram, sugere que ele não era do número dos Doze.

O Discípulo Amado era um judeu da Palestina que se tornou discípulo de Jesus de Nazaré. Durante o ministério público de Jesus, esse discípulo é uma figura discreta, mas muito próximo e amigo do Mestre da Galiléia. Ele já aparece, possivelmente, em João 1,35-40 como anônimo. Na narrativa da Paixão, aparece com freqüência. Está na última ceia (Jo 13,23-25); está no pátio do sumo sacerdote como o "outro discípulo" e tem ligações nesse ambiente (Jo 18,15-16). Está ao pé da cruz quando todos fogem (Jo 19,25-27). Aparece como figura importante ao lado de Pedro. É testemunha do túmulo vazio. Ele é o primeiro a chegar ao sepulcro de Jesus. Mas é Pedro o primeiro a entrar no local (Jo 20,1-10). O Discípulo Amado está presente na cena da pesca que simboliza a missão das comunidades cristãs sob o comando de Pedro no meio do mundo (Jo 21,7.20).

Esse retrato explica a tradição que ele criou, sustentou e animou. Explica assim a origem e as etapas da formação do evangelho que lhe é atribuído. O Discípulo Amado é colocado em paralelo imediato com Pedro, especialmente nesse momento da união entre a Comunidade do Discípulo Amado e a Comunidade dos Doze. Pedro interroga Jesus por meio do Discípulo Amado (Jo 13,21-24). Tem a primazia como testemunha que constata o túmulo vazio e é declarado o pastor do Rebanho cujo primeiro Pastor é Jesus Ressuscitado que garante a unidade do Rebanho enviado em missão ao mundo (Jo 10; Jo 21). O Discípulo Amado é apresentado como a testemunha principal dos acontecimentos fundamentais para a fé em Jesus de Nazaré, o qual fez muitos sinais no meio do povo, desde a Galiléia até Jerusalém, onde foi crucificado e sepultado, e apareceu vivo aos seus discípulos e discípulas (Jo 20,8.30-31).[1]

1.2. A comunidade

A história da comunidade do Discípulo Amado pode ser vista em quatro momentos que explicam a identidade cristã do grupo, desde os tempos do ministério público de Jesus na Palestina, os conflitos com a Sinagoga sob a hegemonia dos fariseus, a missão na Diáspora e a comunhão com as comunidades apostólicas (cf. Jo 21).

Entre os anos 30 e 50, dá-se o nascimento da comunidade, a qual se compõe de discípulos e discípulas oriundos desde a Galiléia até Jerusalém. Nessa primeira etapa, é possível que a comunidade possuísse uma tradição oral ou um escrito semelhante aos sinóticos, escrito esse que continha os sinais e o relato da paixão de Jesus em Jerusalém. Todo o evangelho estrutura-se em uma narrativa da paixão: desde João 2 vem o sinal do Templo, a decisão de matar Jesus é colocada em Jo 11,47-53, a unção de Betânia é colocada antes da entrada triunfal em Jo 12,1-8, a agonia no jardim do Getsêmani está em 12,27-28 antes da última ceia, a pergunta se ele é o Messias está em João 10,24-33, com a condenação por blasfêmia. Nessa época, a comunidade em fidelidade à memória de Jesus assume uma atitude profética, crítica da Lei e do Templo. Mas entra em contato com judeus, com discípulos de João Batista e com samaritanos. Nasce uma cristologia, expressão da fé no Crucificado. A comunidade já vive o batismo e a eucaristia como sinal de sua identidade e fidelidade ao Crucificado, testemunhas que são de sua ressurreição.

---

[1] Os dois autores que atualmente melhor apresentam a questão joanina e fazem um apanhado geral sobre a figura e a história do Discípulo Amado são Raymond E. BROWN e F. J. MOLONEY, em seu trabalho *An Introduction to the gospel of John*, editado por Francis J. MOLONEY (New York, Doubleday, 2003).

Entre os anos 50 e 70, a comunidade cresce em sua fidelidade ao Mestre, Morto e Ressuscitado. A crítica ao Templo, às instituições do Templo e às exigências da Lei começam a se intensificar. Há uma aproximação com o grupo dos helenistas (como Estêvão, Filipe e companheiros). A cristologia progride, dando origem à alta cristologia; cresce o conflito com os discípulos de João Batista, com cristãos judeus e com os crentes temerosos de represália (ou os criptocristãos). A alta cristologia leva a um aprofundamento da figura do Mestre, como o realizador das festas e instituições mosaicas (Sábado, Páscoa, Tendas, Dedicação), e da promessa feita à descendência de Abraão (Jo 8,37-41.56-59).

Entre os anos 70 e 90, há a perseguição da comunidade por parte dos fariseus e começa a escrita do evangelho. Desde a Guerra Judaica (66-74), o conflito se intensifica. Nasce o judaísmo rabínico, que tem o Sinédrio e a Academia de Jâmnia (Yabné) como centro. A hegemonia dos fariseus é quase absoluta; intensificam-se a perseguição dos cristãos e a prática da expulsão das Sinagogas. É para enfrentar essa situação de perseguição que a escrita do evangelho do Discípulo Amado serve para confirmar e animar a identidade cristã dos seus discípulos.

A escrita do evangelho fortaleceu essa corrente cristã e fez surgir confrontos e também grande aproximação da comunidade do Discípulo Amado com as Igrejas dos Doze. Nessa época, a comunidade se desloca para o Norte da Palestina, para a Síria e também para o Ocidente, na região de Éfeso, onde já havia comunidades dos discípulos de João Batista e dos apóstolos cristãos (Jo 7,35).

Aí se desenvolveu o aspecto universalista da pregação. Houve aprofundamento e desenvolvimento da alta cristologia (divindade de Jesus, igualdade e união com o Pai, a preexistência da Palavra, ou a Sofia de Deus encarnada no Homem de Nazaré (Pr 8–9; Sb 7; Cl 1,15-20; 1Jo 1,1-4).

Entre os anos 90 e 120 chegamos à crise da comunidade do Discípulo Amado e à escrita das três cartas (1, 2 e 3 João), tendo em vista o confronto com os dissidentes no interior da comunidade e a busca de união mais intensa com a Igreja dos Doze. Nasce no meio da comunidade uma corrente helenizante e gnóstica que espiritualiza em demasia o evangelho do Discípulo Amado. Um ancião (presbítero) da comunidade escreve as três cartas para resgatar a tradição e dar diretrizes para a compreensão do evangelho como foi desde o princípio (1Jo 1,1-4).

A comunidade do discípulo amado[2] vive um modelo eclesial igualitário e comunitário, movido diretamente pela unção do Espírito Santo, que santifica e ilumina todos os seus membros (1Jo 2,27-29). Essa eclesiologia é es-

---

[2] Cf. BROWN, Raymond. E. *A comunidade do discípulo amado*. São Paulo, Paulus, 1984. pp. 25ss.

tampada no testamento de Jesus, ou o discurso de despedida em João 13–17. A primeira parte (Jo 13–14) corresponde à união íntima com Jesus, o qual vem habitar com seus seguidores no ato de amor que tornam presentes o Pai, o Filho e o Espírito. A segunda parte (Jo 15–17) mostra a realização da escatologia na vida da comunidade que enfrenta o mundo, mas é fortificada pela presença e atuação constante do Espírito da Verdade que convence o mundo hostil e assegura a marcha da comunidade para a glorificação plena com Jesus Ressuscitado e que vive no seio da Glória do Pai. Em 3 João, vemos que o evangelho da vida afirma que Deus é Luz e andar na Luz como filhos de Deus é viver o amor fraterno. Deus é Amor. Todo aquele que ama conhece a Deus. E o que ama o seu irmão passou da morte para a vida.

Nesse clima e ambiente acontece a organização do material produzido e vivido na tradição do Discípulo Amado. A narrativa da paixão, a narrativa dos sinais e os discursos teológicos são apresentados como um evangelho para suscitar a fé em Jesus de Nazaré como o revelador do Pai e a fonte e o caminho para a vida eterna (Jo 20,30-31). Esse arranjo é feito pelo "evangelista", discípulo e seguidor do Discípulo Amado. Vem, depois, a redação final do evangelho, feita por um "redator", que explicita ainda mais a alta cristologia e exorta à unidade com a Igreja dos Doze (cf. Jo 1,1-18; 21). Assim, completa-se o trabalho literário, feito por esse redator final que trabalha entre os anos 100 e 110 de nossa era e redige todo o material colecionado pelo evangelista entre os anos 80 e 90, e é paralelo e contemporâneo da redação de 3 João. Esse trabalho do redator aparece na edição de João 21 e, talvez, em João 1,1-18. Deve-se notar que nenhum texto do Quarto Evangelho foi preservado sem essas adições. A história da mulher adúltera (Jo 7,53–8,11) é uma inserção que falta em muitos manuscritos, mas se integra perfeitamente à trama atual do evangelho.[3]

2. O EVANGELHO DO DISCÍPULO AMADO

O evangelho do Discípulo Amado se estrutura em três partes: o Livro dos Sinais (Jo 1–12), o Livro da Glória (Jo 13–20) e o Epílogo (Jo 21).

- Os Sinais são a manifestação de Jesus de Nazaré como o Revelador do Pai e realizador do julgamento messiânico.
- O Livro da Glória é a narrativa da glorificação do Messias, Filho de Deus, em sua volta para o Pai e em sua vinda escatológica que se consuma na presença da Trindade na vida da comunidade dos amigos de Jesus (Jo 14).

---

[3] BROWN, Raymond. E. *An introduction to the gospel of John*, cit., pp. 189ss (= The author, the place and the date).

2.1. A Palavra viva de Deus

João 1: Jesus de Nazaré é o Messias, Palavra de Deus encarnada. Ele revela o Pai e suscita a fé dos filhos de Deus.

- O Revelador (o Logos encarnado) suscita a fé (Jo 1,1-18).
- João Batista não é a Luz. Veio para dar testemunho da Luz para que todos cressem por meio dele (Jo 1,19-51).
- O Revelador do Pai reúne a comunidade do Novo Israel cujo protótipo está em Natanael, com seu ato de fé em Jesus de Nazaré.

2.2. O Messias da Nova Aliança

João 2–4: a novidade de Jesus Messias é manifestada em relação à Lei Mosaica: a Lei, o Templo, a sabedoria farisaica, os samaritanos e os gentios. A novidade se revela em Jerusalém, na Samaria, e entre os gentios, segundo a perspectiva da missão cristã no mundo.

- João 2,1-11: apresenta a novidade em relação à Lei. O sinal revela que Jesus veio trazer a Nova Lei ou a Nova Aliança. É a passagem das águas da purificação para o vinho abundante que vem com o Espírito da Verdade.
- João 2,12ss: o sinal do Templo mostra que o centro e a fonte da vida nova são o Corpo do Ressuscitado. O Templo foi o centro da primeira aliança. Mas agora a fonte da vida está na morte e ressurreição do Crucificado.
- João 3, na figura de Nicodemos, apresenta o paradoxo da passagem da sabedoria da lei farisaica para a novidade da vida no Espírito: essa passagem é o nascer de novo "de água e de espírito". A nova sabedoria é ato de fé na mediação de Jesus e união ao amor do Pai, que entregou o seu Filho por amor ao mundo. Esse é o julgamento e a salvação que trazem a vida eterna (Jo 3,9-21).
- João 4,1ss: A samaritana é depositária da graça ou da possibilidade de adorar a Deus em Espírito e Verdade, e de viver em união com o Deus da vida. Jesus faz jorrar a fonte da água viva para o novo povo de Deus, composto de judeus, samaritanos e gentios.
- João 4,46-54: a cura do filho de um gentio mostra que a missão salvadora de Jesus-Messias, Vida-Luz do mundo, comunica a vida para além das fronteiras do antigo povo da aliança.

2.3. O julgamento libertador

João 5–12 apresenta o paradoxo da missão messiânica de Jesus. Ele realiza o julgamento, que é revelação da verdade libertadora. Não é o julgamento segundo as aparências, feito pela Lei (Jo 5,18.30; 7,19.24). Jesus, Messias e Filho igual a Deus-Pai, substitui as festas e as instituições da Lei Mosaica (Sábado, Páscoa, Tendas, Dedicação).[4]

- João 5,1-47: Sábado: Jesus é superior a Moisés. O seu testemunho o revela igual a Deus para realizar o julgamento escatológico, que é fonte de vida. Ele liberta da morte e comunica a vida eterna (Jo 5,17-24).

- João 6,1-71: Páscoa: Jesus é o Pão Vivo descido do céu (Filho do Homem, Sabedoria, Pão de Deus). Ele é fonte e alimento de vida para o povo de Deus (Jo 6,32-40.54-57).

- João 7–8: Tendas: Jesus é água e luz da vida. O julgamento messiânico é verdade que liberta da Lei e do pai da mentira (Jo 7,19-24; 8,44-47). O julgamento manifesta a verdadeira liberdade dos filhos de Abraão. A verdade absoluta é Jesus, que afirma: "Antes que Abraão existisse, EU SOU" (Jo 8,52-58).

- João 9–10: Dedicação: o julgamento messiânico é libertação da cegueira congênita e do poder dominador dos fariseus e dos saduceus. A verdade liberta e ilumina a cegueira congênita e une ao Bom Pastor, que garante a vida e unidade do rebanho de Deus (Jo 10; 21).

- João 11–12: Glória: a ressurreição de Lázaro é o sinal da glorificação de Jesus no seio do Pai por meio de sua morte e ressurreição. Ele é a ressurreição e a vida, e ele pede ao Pai a sua glorificação (Jo 12,28-37). O Sinédrio toma a decisão de matar a Jesus (vv. 38-54).

2.4. O testamento de Jesus

João 13–17: O discurso de despedida de Jesus é a primeira parte do Livro da Glória. É a realização da escatologia na volta para o Pai e pela vinda do Pai, do Filho e do Espírito Santo ao mundo e na vida dos discípulos amados.

- João 13: Jesus é o Servo que veio para servir. A vida comunitária não está na relação mestre–escravo. O serviço modela a figura de Pedro e do Discípulo Amado (Jo 13,7.22-30).

---

[4] Brown, Raymond. E. *An introduction to the New Testament*. New York, Doubleday, 1997. pp. 334-335 (Ed. bras.: *Introdução ao Novo Testamento*. São Paulo, Paulinas, 2004).

O serviço tem, então, um sentido cristológico (vv. 5-10) e parenético (vv. 12-20).

- João 14: a escatologia realizada é a Volta para o Pai e a Vinda de Jesus que acontece no ato de amor. Esta é a manifestação escatológica (v. 3 e vv. 21-23). É a manifestação da Trindade na doação plena do Espírito da verdade, o Consolador (vv. 25-26).
- João 15: a vinha é a metáfora para exprimir a realidade da vida comunitária eclesial dos amigos de Jesus. A escatologia se realiza na união comunitária que realiza o ato de amor a Deus e ao próximo. Este é o ponto central da comunidade do Discípulo Amado e da união com a Igreja apostólica representada em Simão Pedro (cf. Jo 21; 1 Jo).
- João 16: a realização da escatologia acontece pela presença e pela ação do Espírito da verdade, que convence e conduz à plena glorificação dos discípulos amados e protegidos pelo Espírito Consolador. A verdade do Espírito de vida e de Amor liberta das trevas, da mentira, da escravidão e da morte. Ele conduz no caminho da Luz, da Verdade, da Liberdade e da Vida.
- João 17: a oração sacerdotal é a nova fórmula da consagração do povo de Deus pela mediação de Jesus. A oração desenvolve os pedidos do Pai Nosso: "Santificado seja o teu nome [...] e não nos deixes cair em tentação". É também uma lembrança da oração do Dia da Expiação (cf. Lv 16,17). É a meta da escatologia que se realiza na união da glória e na unidade do Pai e do Filho. Esta é a vida eterna cujo caminho é aberto pelo julgamento que liberta e que se realiza em plenitude na hora da morte na cruz (cf. Jo 5,18-25).

2.5. A hora da morte e ressurreição de Jesus

João 18–20 é a glorificação de Jesus que passa deste mundo para o seio do Pai, o Deus da vida e do amor. Esse é o caminho para a vida eterna.

- A narrativa da paixão anuncia o caminho da vida por meio da vitória definitiva sobre a morte (João 18–19).
- As aparições do ressuscitado são a manifestação de que Ele está vivo no seio do Pai e está presente na comunidade dos discípulos amados (Jo 20).
- A conclusão indica, então, o que é o evangelho: são os sinais que suscitam a fé que leva para a vida eterna (Jo 20,30-31).

2.6. A vida e missão da Igreja na história

João 21 é uma adição, paralela a 1 João. Visa selar a união das Igrejas, a comunidade do Discípulo Amado e a Igreja dos Doze. A Igreja é a comunidade de amor. É o rebanho confiado a Pedro e é a comunidade enviada em missão no mundo.

3. CARTAS DE JOÃO

O Quarto Evangelho e as três cartas de João fazem parte da tradição do Discípulo Amado. No final do século primeiro, entre os anos de 90 a 120, há uma nova crise no interior da comunidade do Discípulo Amado. As três cartas têm em vista a unidade da Igreja, no interior das comunidades e em sua ligação com as comunidades dos Doze.

A unidade da Igreja permitiu salvar o evangelho do Discípulo Amado, que ficou no segundo século preso nas mãos dos gnósticos. No momento da organização do cânon, a tradição do Discípulo Amado aparece unida às outras tradições da Igreja primitiva.

A tradição apostólica é representada por Mateus. Lucas e a tradição subpaulina (Efésios, cartas pastorais) e subpetrina (1 Pedro); a tradição do Discípulo Amado (quarto evangelho e cartas) com outras tradições judaico-cristãs (Tiago) e apocalípticas (Judas, 2 Pedro, 2 Tessalonicenses e Apocalipse) fazem parte desse acervo transmitido para as futuras gerações cristãs.

3.1. 1 João

No interior da escola do Discípulo Amado nasce uma corrente helenizante e gnóstica que espiritualiza demais o evangelho. Um ancião da comunidade escreve as três cartas de João para retomar a tradição e compreender o evangelho de acordo com o que vem desde o princípio.

1 João é uma circular pastoral que comenta a vida de fé em Cristo no evangelho do Discípulo Amado nas comunidades contra a pregação e os ataques dos dissidentes. Nesse mesmo contexto, deve-se compreender também João 21. Há a união das Igrejas: a comunidade do Discípulo Amado aceita a alta eclesiologia apostólica e a Igreja apostólica aceita também a alta cristologia da Igreja do Discípulo Amado.

O autor de 1 João fala do "nós", que representa a comunidade do Discípulo Amado. É a comunidade viva que, sob a proteção do Espírito da Verdade, mantém a tradição viva e fiel desde o princípio: todos configuram e vivem a fidelidade do Evangelho de Jesus Cristo que veio na carne e é o crucificado que morreu e ressuscitou (1Jo 1,1-4).

Os pontos pregados e defendidos pelos dissidentes vão contra essa tradição fiel. O ponto principal era a cristologia. Os dissidentes acentuavam a divindade de Jesus e davam pouco valor à sua humanidade. A preocupação primeira de 1 João é mostrar que Jesus, o Filho de Deus, é o homem real e concreto que morreu na cruz. Não se pode fazer uma leitura parcial do Evangelho e negar a plena humanidade de Jesus.

O outro ponto do conflito com os dissidentes espiritualistas visa à ética e à prática do amor ao próximo. Esses dissidentes pretendiam ter tal intimidade com Deus, que pensavam ser perfeitos e sem pecado. Descuidavam da prática do mandamento novo. O amor ao próximo é a passagem da morte para a vida (1Jo 3,14). O amor de Deus não permanece naquele que fecha o seu coração ao irmão que padece necessidade (1Jo 3,17) ou naquele que tem a arrogância do dinheiro (1Jo 2,16).

O terceiro ponto de conflito era a escatologia. Os dissidentes defendiam uma escatologia realizada. Eles já estavam na luz. Possuíam a vida eterna. Estavam em Deus. 1 João não nega essa realização, mas condiciona o guardar a palavra da vida à prática do amor fraterno e à confissão dos pecados. A carta introduz um espírito apocalíptico, chamando a atenção para a hora antes do fim para discernir entre os crentes e os anticristos (1Jo 3,18-28) e entre os que confessam que Jesus veio na carne e os falsos profetas (1Jo 4,1-6).

Finalmente, outro ponto de conflito era a pneumatologia. Os dissidentes seguem a mestres e profetas que dizem possuir o Espírito. O autor não responde de maneira autoritária. Lembra que todos os que crêem em Jesus são mestres, com o Espírito e no Espírito: "Todos vocês receberam a unção que vem do Santo, e todos possuem a ciência" (1Jo 2,20). A unção que receberam permanece e os crentes não têm necessidade de que alguém os ensine (1Jo 2,27). (Deve-se notar que a *comma* joanina, ou a adição trinitária latina, em 1Jo 5,6-8, é um acréscimo que vem dos séculos III-IV de nossa era.)

Nesse contexto, 1 João é uma mensagem para viver desde já a vida eterna de Deus na prática efetiva do amor ao próximo. A menção da *aggelia*, "a mensagem", divide a carta em duas grandes partes (1Jo 1,5; 3,11):

Prólogo	A Palavra da vida	1,1-4
Primeira parte	Deus é Luz e devemos andar na Luz	1,5–3,10
Segunda parte	Andar como filhos do Deus, que é Amor	3,11–5,12
Conclusão	Confiança na participação na vida eterna de Deus	5,13-21.

A estrutura de 1 João é, assim, bem articulada:

I. Prefácio: A Palavra da vida: (1,1–4)
II. A vida na Luz (1,5–2,29)
    a. Deus é Luz (1,5–7)

     b. Primeira condição para viver na Luz: renunciar ao pecado (1,8–2,2)

     c. Segunda condição para viver na Luz: ser obediente (2,3–11)

     d. Terceira condição para viver na Luz: rejeitar o mundo (2,12–17)

     e. Quarta condição para viver na Luz: manter a fé (2,18–29)

  III. A vida como filhos de Deus (3,1–5,13)

     a. Deus é Pai (3,1–3,3)

     b. Primeira condição para viver como filhos de Deus: renunciar ao pecado (3,4-9)

     c. Segunda condição para viver como filhos de Deus: ser obediente (3,10-24)

     d. Terceira condição para viver como filhos de Deus: rejeitar o mundo (4,1-6)

     e. Quarta condição para viver como filhos de Deus: viver no amor (4,7–5,4)

     f. Quinta condição para viver como filhos de Deus: manter a fé (5,5-13)

  IV. Conclusão: a confiança cristã e a vida eterna (5,14-21)

3.2. 2 João

2 João e 3 João são semelhantes no formato, especialmente na abertura e na conclusão. Ambas descrevem o autor como "o presbítero" (o ancião).

2 João tem semelhança com 1 João, principalmente na ênfase no mandamento do amor ao próximo (2Jo 5-7 = 1Jo 2,7-8). Denuncia os anticristos que negam que Jesus veio na carne (1Jo 2,18-19; 4,1-2).

2 João é enviada a uma comunidade distante do centro. A dissidência ainda não chegou por lá, mas os dissidentes estão a caminho (2Jo 10-11).

O presbítero instrui a comunidade (a eleita e seus filhos) a não permitir que os falsos mestres entrem na "casa" ou na Igreja doméstica onde a comunidade se reúne. O autor se identifica com "o presbítero".

O ancião — o presbítero — representa os antigos da comunidade que tinham visto e ouvido o Discípulo Amado, o qual, por sua vez, tinha visto e ouvido o próprio Jesus. O ancião é membro da comunidade dos anciãos e das anciãs que transmitem e são responsáveis pela tradição autêntica de Jesus e do Discípulo Amado, guiados pelo Espírito da verdade, dentro da comunidade na qual todos são mestres guiados pelo Espírito da verdade (1Jo 2,27; 4,1-6).

A estrutura da carta chama a atenção para a mensagem essencial nos vv. 5-12:

A	O ancião saúda a senhora eleita	1-3
B	O corpo da mensagem	4-12
	Expressão de alegria	4
	O amor fraterno e a fé cristológica	5-12
C	Os filhos da irmã eleita saúdam os irmãos da comunidade	13

3.3. 3 João

3 João vem depois das duas cartas precedentes (1 e 2 Jo). Ela enfrenta a situação pastoral das comunidades do Discípulo Amado e seu confronto com os dissidentes que perturbam a vida comunitária e deturpam a fé cristológica. A sua preocupação de organizar a comunidade e preservar a verdadeira fé cristológica, mantendo a unidade do rebanho do Senhor, aproxima 3 João de João 21. Ela foi escrita, certamente, logo depois do ano 100.

3 João é uma carta dirigida a Gaio. Ele é membro da comunidade e amigo do ancião (presbítero), que lhe dirige a recomendação principal diante da situação criada pelos dissidentes.

Há, porém, a figura de Diótrefes, que se coloca na oposição e tem uma atitude diferente. Este quer uma medida mais prática para enfrentar e corrigir os mestres e missionários dos dissidentes. Não quer ficar no princípio geral de que todos são mestres pela união do Espírito (1Jo 2,27). É preciso organizar e manter a unidade da comunidade através de um meio mais efetivo.

Diótrefes está procurando organizar uma autoridade visível e efetiva para enfrentar a dissidência e manter a comunidade na perseverança e na verdade da fé cristológica. Em outras Igrejas, começa a se estruturar a figura do presbítero (cf. Tt 1,5-16; 1Tm 4).

A situação eclesial e a necessidade de manter a unidade do rebanho do Senhor (cf Jo 10; 21) estão na origem da emergente figura do "presbítero-epíscopo" descrita, um pouco mais tarde, com clareza e firmeza por Inácio de Antioquia.

A estrutura literária de 3 João mantém a forma habitual da mensagem (cf. 2 Jo):

A	Fórmula de abertura	1-2
B	Corpo da mensagem	3-14
	Expressão de alegria	3-4
	O conteúdo da mensagem	5-14
C	Fórmula de conclusão	15

Resumindo

O evangelho do Discípulo Amado é uma seqüência de sinais reveladores. Em linguagem simbólica anuncia a Jesus de Nazaré como o Revelador do Pai e o comunicador do Espírito da verdade. Na primeira parte do evangelho (Jo 1–2), proclama-se que Jesus é o Messias que traz a nova Aliança para judeus, samaritanos e gentios. Ele realiza sua missão libertadora por meio do julgamento messiânico, que é a manifestação da verdade que liberta. O julgamento definitivo é o Evangelho da liberdade. A seguir Jesus deixa o seu testamento: é a vida de união entre os seus amigos que vivem em intensidade o primeiro mandamento: o amor a Deus e o amor ao próximo. Esta vida é comunhão e união com a vida da Trindade Santa (Jo 13–17). Finalmente a narrativa da paixão apresenta o ato de amor de Jesus que entrega sua vida por amor; e nessa entrega ele derrama o Espírito da verdade na história e no mundo todo. A hora da paixão é a passagem da vida deste mundo para a vida plena e definitiva no seio do Deus da vida.

Perguntas para reflexão e partilha

1. Mostre como Jo 1,1-18 é a luz que ilumina todo o evangelho do Discípulo Amado. Jesus é a Luz da Vida, o Revelador do Pai. A Palavra Encarnada suscita a vida de fé dos filhos de Deus. Tende a descobrir a estrutura de paralelismo que dá o dinamismo da missão do Revelador e do nascimento dos filhos de Deus pela fé.

2. Aprofunde e faça uma análise detalhada do julgamento messiânico em Jo 5–12: O que é o julgamento segundo as aparências? Por que o julgamento messiânico é a manifestação da verdade que liberta? Liberta de quê: da Lei, da morte, do pai da mentira? Por que o conflito com os fariseus é a chave para compreender este julgamento da verdade que liberta? Quais são, hoje em dia, os desafios do Evangelho da Liberdade em Jo 7–10?

3. Faça uma análise da pneumatologia do Discurso de Despedida em João 13–16: qual o significado das cinco promessas da vinda do Espírito Santo para a vida na comunidade dos amigos de Jesus? Onde se encontra a essência da experiência do Espírito Santo nesse Testamento de Jesus?

4. Diante dos mestres dissidentes a respeito da cristologia, procure refazer a visão que 1 João tem de Jesus Cristo: compare o hino à Palavra da Vida (1Jo 1,1-4) com Jo 1,1-18. Por que 1 João insiste na morte de Jesus Cristo e lhe dá o título de Paráclito (cf. 1Jo 2,1-6)?

5. Qual o lugar do amor ao próximo na teologia de 1 João? Por que o amor é o único critério da autenticidade cristã? Por que o amor ou é eficaz ou não merece ser chamado de amor? Por que o autor diz que amar o próximo é caminhar na Luz e odiar o próximo é caminhar nas trevas? Quais as características do amor ao próximo em 1Jo 1-3?

Bibliografia

Brown, Raymond E. *A comunidade do discípulo amado*. São Paulo, Paulus, 1984.

——. *An introduction to the New Testament*. New York, Doubleday, 1996. pp. 333-382 (Ed. bras.: Introdução ao Novo Testamento. São Paulo, Paulinas, 2004).

Cothenet, E. *Os escritos de são João e a epístola aos Hebreus*. São Paulo, Paulus, 1988. pp. 165-219.

Dodd, Charles H. *A interpretação do Quarto Evangelho*. São Paulo, Paulus, 2003.

Richard, Pablo. A tradição do discípulo amado (Quarto Evangelho e Cartas de João). *Revista de Interpretação Bíblica Latino-Americana* 17 (Petrópolis, 1994), pp. 7-26.

Wheeler, James. Amor que gera compromisso (Estudo da estrutura manifesta de 1Jo). *Revista de Interpretação Bíblica Latino-Americana* 17 (Petrópolis, 1994), pp. 75-80.

Capítulo sexto

PAULO: APÓSTOLO DOS POVOS

Ana Flora Anderson

> *Não há judeu nem grego,*
> *não há escravo nem livre,*
> *não há homem nem mulher;*
> *pois todos vós sois um só em Cristo Jesus!* (Gl 3,28).

Depois de Jesus Cristo, a figura que mais sobressai no Novo Testamento é Paulo. Nós o conhecemos por meio de suas cartas, das cartas de seus discípulos e do livro dos Atos dos Apóstolos. As cartas dão a impressão de que Paulo era um dos grandes escritores do primeiro século. Os Atos dos Apóstolos nem mencionam as cartas e dão a impressão de que nem as conhecem. Por isso, podemos perceber que há uma certa tensão entre as fontes.

Mas, primeiro, perguntamos quais os fatos concretos que se podem conhecer a respeito de Paulo? Ele nasceu numa família judia religiosa na cidade de Tarso, na Cilícia, na Ásia Menor, a atual Turquia. Alguns acreditam que ele nasceu na mesma época de Jesus, outros, porém, pensam que ele era uns dez anos mais jovem. O próprio Paulo diz que era da tribo de Benjamim e era chamado Saulo, como o primeiro rei de Israel. A família emigrou e, trabalhando com couro, tornou-se próspera. Isso permitiu que pudessem receber a cidadania romana. Assim, Saulo recebeu, também, um nome romano: Paulus.

Tarso era uma cidade de cultura grega, e Paulo foi formado de tal maneira que em sua missão apostólica não teve dificuldade em dialogar com filósofos gregos nem em compreender os preconceitos religiosos dos gregos comuns.

Na carta aos Gálatas (1,14), Paulo afirma que superou seus contemporâneos no estudo e na prática da Torá (Lei). Atos acrescentam que ele estudou em Jerusalém na escola farisaica de Gamaliel (At 22,3). A compreensão da formação é básica para entender a maneira de Paulo explicar alguns pontos teológicos importantes. Ele desenvolve seu pensamento usando a Bíblia hebraica, como faria um teólogo fariseu.

1. O ENCONTRO COM CRISTO

Em suas cartas, Paulo fala abertamente que era um fariseu zeloso que considerava o movimento de Jesus de Nazaré como uma seita judaica que dividia os judeus exatamente no auge dos problemas com o Império Romano. Ele combatia um grupo que considerava um perigo para a unidade e para a segurança de seu povo.

Como é que esse fariseu zeloso que ia a Damasco à procura de uma seita que considerava perigosa de repente conseguiu aceitar o que antes lhe era inaceitável? A figura de Jesus de Nazaré estava sempre presente a Paulo, mas como hostilidade total, até o momento da confrontação com Jesus Ressuscitado.

Em toda conversão existe o "mistério" em relação à razão da mudança. Esse mistério está tão "enraizado" na personalidade do indivíduo, que nem este último entende completamente o seu porquê. Em última análise a pessoa afirma que fez o que devia ser feito naquele momento. Nas palavras de Paulo "fui conquistado por Jesus Cristo" (Fl 3,12). Para Paulo, a iniciativa de Deus se torna central em sua espiritualidade e teologia.

Deus não "força" o ato de fé. O impulso divino não é irresistível. Paulo recebeu uma alternativa para o seu condicionamento farisaico: ou Jesus de Nazaré é um herege e um traidor do judaísmo, ou é o amor encarnado de Deus. A experiência da fé é uma experiência de LUZ.

Tudo que Paulo escreve em suas cartas é resultado de sua experiência pessoal de Cristo e de sua reflexão sobre a tradição das palavras e dos gestos preservados nas comunidades cristãs palestinenses. Todo o conhecimento autêntico de Cristo começa com a conversão. Senão se apresenta como um exercício acadêmico, e não como obra da graça. O conhecimento mais profundo vem de Deus. Aprofundamos esse conhecimento "vivendo a verdade no amor" (Ef 4,15).

Esse encontro com Cristo levou Paulo a ver o Evangelho como uma novidade total. Ele apresenta o Evangelho como a boa-nova da redenção/libertação pela fé em Jesus Cristo, morto e ressuscitado, e que vem constituir a vida do homem novo. Paulo afirma que a salvação vem não pela Lei, mas pela fé em Jesus Cristo, o qual comunica o Espírito de vida e de liberdade (Rm 8,1-3).

Paulo anuncia a fé cristã como uma novidade dentro do judaísmo e dentro das estruturas do sistema imperial romano. Os judeus pedem sinais; os gregos procuram uma sabedoria que explique a organização e o sentido da sociedade; Paulo prega o Evangelho da cruz: o Crucificado é o novo princípio do discernimento e da liberdade (1Cor 1,23-25). Esse anúncio é uma nova luz e uma força revolucionária que entram nas estruturas sociais: é a manifestação do poder de Deus para constituir o novo povo de Deus, o homem novo (Gl 6,14-17).

2. UM MUNDO SEM LIBERDADE

Paulo pregou o Evangelho nas cidades gregas orgulhosas de suas liberdades (Tessalônica, Filipos, Corinto). Ele, porém, constatou a contradição fundamental na qual essas cidades e sua população viviam. Viu nelas a corrupção dos magistrados, a primazia da riqueza e do poder. Viu a vida dura dos trabalhadores no "labor e fadiga" deles (1Ts 2,9). E viu os "fracos" dominados pelos "fortes" deste mundo (1Cor 1,26-29).

A ilusão da liberdade era universal. Judeus e gregos julgavam-se livres, mas de fato eram todos dominados por sistemas sociais ou de pensamento. O "mundo" vivia, na realidade, uma caricatura de liberdade. Para Paulo, este mundo tem de ser crucificado para que a nova humanidade, o novo homem, possa existir. A preocupação de Paulo é a vida do povo, o verdadeiro Israel de Deus que não vive na aliança da escravidão, mas na aliança da liberdade.

Paulo foi um líder carismático, porque teve a intuição de que o cristianismo era uma novidade total, uma ruptura com o judaísmo, uma resposta para os pagãos. Ele cria, então, um movimento popular, a partir da participação do povo mais sofrido, que tem a força da novidade no Império Romano. O Evangelho se manifesta como força de união e de liberdade.

Os judeus dispersos pelo império viviam no regime da *religio licita*, isto é, uma religião reconhecida oficialmente por Roma. O reconhecimento romano dava uma série de direitos, mas também não permitia a vivência plena da aliança. A vivência rígida da Lei substituía a vivência da misericórdia de Deus e mantinha uma liberdade ilusória.

Paulo vê na camada mais baixa da sociedade o potencial de transformação. Ele vê que a mudança virá dos "fracos". A sua força está em uma nova sabedoria: o Evangelho é luz e poder capazes de libertar e de dar vida, tanto para os judeus quanto para os gregos.

Diante disso, o Pe. José Comblin sugere que o elemento central ao redor do qual tudo gira e se articula é a liberdade:

> *Cremos que esse núcleo é a mensagem da liberdade. Paulo anuncia da parte de Deus uma liberdade. Tudo gira em redor disso. Não considerar esse dado essencial como ponto de partida é cortar o nervo da mensagem, tirar-lhe o sabor, suprimir-lhe o alcance. Paulo pretende comunicar aos homens uma novidade formidável: essa novidade é a liberdade. O Evangelho que Paulo prega às nações é o Evangelho da liberdade. No centro do Evangelho de Paulo está não somente a pessoa de Jesus, mas também a pessoa do Espírito de Jesus. Ora, Cristo e o Espírito produzem em conjunto, numa atividade, o mesmo efeito: a liberdade do homem.*[1]

---

[1] COMBLIN, José. *A liberdade cristã*. Petrópolis, Vozes, 1977. pp. 17-24.

3. A CRONOLOGIA DAS CARTAS PAULINAS

A cronologia das cartas é assunto difícil e controvertido. Há, porém, um certo consenso sobre as cartas consideradas autênticas:

- Os autores concordam que a 1 Tessalonicenses foi escrita em Corinto, por volta de 51 d.C.
- Paulo passou dois anos e três meses em Éfeso. Muitos pensam que ele escreveu a carta aos Gálatas e a correspondência de várias cartas à comunidade de Corinto durante 55-56 d.C.
- Ele escreveu aos Filipenses enquanto esteve preso. A dificuldade está em saber em que prisão: em Cesaréia (56 d.C.) ou em Roma (60 d.C.). Hoje se diz que a carta aos Filipenses é uma coletânea de três cartas, denominadas A, B e C.
- A carta a Filemon foi escrita durante a prisão militar em Roma (61-63 d.C.). Os autores concordam que Paulo escreveu a carta aos Romanos em 58 d.C., quando estava na cidade de Corinto.

4. O EVANGELHO DE PAULO

É importante notar que as cartas paulinas são "escritos de circunstâncias". Respondem aos problemas concretos das comunidades. Elas supõem a pregação e a catequese oral, assim como a vida litúrgica das comunidades. Nessas cartas, no entanto, Paulo mostra o seu gênio teológico.

É possível ver o dinamismo do pensamento paulino mediante cinco pontos encontrados nas suas cartas.

4.1. A novidade: 1 Tessalonicenses

Essa carta apresenta o Evangelho como a palavra que comunica a força do Espírito, suscitando a vida na fé, no amor e na esperança. Essa palavra congrega e sustenta a vida de uma nova comunidade que se torna o tipo e o fermento para a vida concreta na Macedônia. A novidade é o apelo de conversão da idolatria para o serviço ao Deus vivo (1Ts 1,9-10).

O Evangelho leva a discernir e realizar a verdadeira vontade de Deus: a santificação. A novidade nos prepara para a vinda de Cristo, que vem e existe de maneira nova na história e na vida humana.

4.2. O conflito: Gálatas

A carta aos Gálatas apresenta o evangelho de Paulo para os gentios (Gl 2,2). O Evangelho é ruptura com a Lei: a Lei não salva nem liberta. Ela não tem força para destruir o mal social. A carta apresenta de maneira clara o conflito entre a vida segundo a Lei e a vida segundo o Espírito. O conflito é a oposição entre Lei e graça.

Somente o Evangelho traz liberdade, que é a vida no Espírito. Somente na vida do Espírito está a possibilidade de constituir a nova criatura.

4.3. O discernimento: 1 e 2 Coríntios

O discernimento é o centro do Evangelho. Paulo apresenta em 1 e 2 Coríntios a nova sabedoria. É a sabedoria de Cristo Crucificado, que é o poder e a sabedoria de Deus. Esse é o Evangelho dos fracos que tem a força de instaurar o processo de salvação do mundo.

1 Coríntios apresenta a novidade da sabedoria da cruz: o Evangelho é a mensagem da cruz que assegura a unidade da vida comunitária.

A sabedoria que vem da cruz possibilita compreender o valor do corpo (sexo, casamento, celibato) e responde aos problemas éticos da vida co-comunitária (1Cor 5–6 e 7–11).

O Evangelho é discernimento da função e do sentido do ministério da liberdade na construção e na animação da vida comunitária (2 Cor).

4.4. A nova prática: Filipenses e Filemon

A nova prática consiste em andar de maneira digna do Evangelho. É o caminho concreto dos pobres no meio da sociedade. Essa dimensão do caminho, como o método e a prática concreta da vida segundo o Espírito, é apresentada pelas cartas aos Filipenses e a Filemon.

Na carta aos Filipenses, o Cristo que assume a forma de Servo e morre na cruz mostra qual é o caminho que os cristãos devem seguir na história: a pobreza do caminho da cruz é que leva para a vida nova da ressurreição.

A carta a Filemon apresenta o problema concreto da escravidão: a escravidão é vencida pela prática concreta do amor aos irmãos. Filemon constrói por seu ágape a *koinonia*, a nova ordem social baseada na comunidade.

4.5. A vida nova: Romanos

A carta aos Romanos é, sem dúvida, a obra-prima da maturidade teológica de Paulo. Ele aí apresenta o Evangelho que é vida na justiça que vem de Deus. A dimensão trinitária do Evangelho é clara: o Pai envia o Filho, que, por sua vez, comunica o Espírito. O Evangelho é discernimento entre a ira e a justiça de Deus.

O Evangelho é força de salvação para todo aquele que crê em Jesus Cristo. O ser humano sozinho está intrinsecamente dividido e desorientado. O pecado é uma força de determinação histórica, é a força da carne (*sarx*) que penetra nas profundezas e nas tendências do ser humano em sua inclinação para o agir. O pecado é a desordem inata na tendência da ação humana para o mal. A salvação do homem só é possível pela presença e atividade do Espírito de vida que nos possibilita viver a liberdade dos filhos e filhas de Deus (Rm 7–8).

O Evangelho é discernimento da vocação e do destino do povo de Israel, e da vida de todos os povos no meio das estruturas e do poder do Império Romano (Rm 9–16).

5. O EVANGELHO PARA A EUROPA

A primeira de são Paulo é 1 Tessalonicenses. No ano 50 d.C., durante a segunda viagem missionária, Paulo chega a Tessalônica, capital da província romana da Macedônia. É a primeira cidade a ser evangelizada na Europa. Na época da chegada de Paulo, Tessalônica já era uma cidade comercial notória com muitos estrangeiros e uma importante colônia judaica (1Ts 2,14-16).

A maior diferença entre esta e as demais cartas paulinas consiste no fato de que nela Paulo não está preocupado com importantes questões doutrinais. Ele quer mostrar a intensidade dos sentimentos que tem para com a comunidade. Sua alegria é tão grande que a oração de ação de graças (1,2-10) é uma frase só. A comunidade está no caminho certo e até se tornou um modelo para toda a região. Paulo pede perseverança e progresso na caminhada.

O grande valor da carta está em mostrar a experiência missionária de Paulo e o modo de sua ação evangelizadora (1,3-5; 2,1-5.9-11; 3,3-6; 4,2; 5,2). Paulo e a comunidade partilham a experiência de uma Igreja que nasce da Palavra e do testemunho. O centro disso é o poder de Deus, que tornou possível abandonar a idolatria e procurar a real vontade de Deus, na esperança da vinda de Jesus Cristo. O poder de Deus penetrou na história, formou um novo sujeito histórico portador da força de libertação dentro do mundo dominado pelo imperialismo romano.

Essa carta é o mais antigo documento escrito do Novo Testamento. Manifesta a prática e a teoria do líder carismático Paulo, que reúne uma nova comunidade dentro do sistema imperial e escravagista. Essa comunidade cristã recebe uma nova força, que vem da Palavra do Evangelho:

- O abandono da idolatria e a afirmação de um novo *Kyrios/Senhor*, que é Jesus que vem para libertar e dar vida nova (1,9-10).
- A prática da fraternidade é um fermento de transformação radical das relações sociais determinadas por um regime de trabalho escravagista (1,4).

- A procura da real vontade de Deus é o centro do Evangelho, o qual se torna ativo no ato de discernimento comunitário (4,3; 5,21).
- Essa carta fala de uma característica importante da esperança cristã: a vinda de Jesus. Paulo se apóia na promessa de Jesus sobre a vinda do Filho do Homem. Ele apresenta essa vinda em termos proféticos e apocalípticos (Dn 7), com os traços da parusia (a entrada triunfal dos reis nas cidades antigas). A vinda é a nova maneira de Jesus existir e comunicar a sua vida na história humana. A vinda acontece na nova práxis da fé, do amor e da esperança.

6. O EVANGELHO DA LIBERDADE

A carta aos Gálatas apresenta o evangelho de Paulo aos gentios e o define como união com a vida de Jesus Cristo para a formação do homem novo, realidade coletiva do novo povo no qual não existe mais a discriminação que vem da raça, do sexo e da classe social. O Evangelho é o anúncio da vida na liberdade: foi para a liberdade que Cristo nos libertou.

Essa prática da liberdade permite compreender a oposição entre a carne/*sarx* e o espírito/*pneuma*. O Evangelho leva ao discernimento fundamental entre o conceito de fetiche e a ação do Espírito de Deus. O fetiche é a destruição do sujeito humano pela dominação.

Paulo mostra que essa situação é universal no Império Romano. Ela atinge gentios e judeus. Existia tão-somente a ilusão da liberdade. As cidades gregas orgulhavam-se de suas liberdades. Os judeus se orgulhavam de serem livres sob a Lei de Moisés. Paulo mostra que nem a filosofia grega, nem a Lei judaica têm o poder de salvar. A libertação vem pela fé em Jesus Cristo, que comunica o Espírito.

Quando Paulo conheceu Cristo, descobriu que a Lei judaica e a filosofia grega não eram capazes de tirá-lo da escravidão. Ele descobriu que tinha sido escravo até o dia em que Cristo lhe tinha revelado a liberdade.

Paulo foi bem recebido pelos gálatas e iniciou um estilo de vida comunitária na liberdade e na fraternidade (4,14). As comunidades começaram a viver sem discriminação entre grego e judeu, entre escravo e livre e entre homem e mulher (3,28). A força da graça que vem da cruz supera a segurança nascida da Lei Mosaica e do poder imperial.

Entretanto, Paulo vê essa experiência ameaçada por um grupo de missionários que ele chama dos judaizantes. São cristãos oriundos do judaísmo, provavelmente enviados pela comunidade de Antioquia. Eles procuram impor o valor da Lei e dos costumes judaicos ao valor do Evangelho de Cristo. Para Paulo, isso significa estragar a experiência evangélica da liberdade nas Igrejas da Galácia.

O evangelho de Paulo é um apelo ao discernimento. É preciso discernir entre a prática dos judaizantes e a prática evangélica. O que está em questão é a fonte da salvação: quem salva é a Lei ou a fé na cruz de Cristo?

Paulo quer que os gálatas aprendam a viver na força do Espírito e libertar-se da falsa segurança da Lei. Paulo acredita no reino da liberdade, e o Evangelho é a fonte dessa liberdade.

A fé, que é união à vida de Cristo, permite compreender a extensão dessa escravidão. Paulo teve a experiência do amor do Crucificado, o qual é a fonte da liberdade. Ele foi libertado da Lei, do poder universal do império, das estruturas religiosas e de si próprio. É por causa dessa experiência que ele pôde pregar o Evangelho com tanta legitimidade.

6.1. A teologia da carta

A base de toda a carta é a convicção de que o Evangelho é o anúncio da libertação do mundo por meio de Jesus Cristo, o qual realiza o desígnio do Pai. Pela fé em Cristo Deus justifica judeus e gentios. Paulo faz seu ato de fé: "Fui crucificado com Cristo. Já não sou eu que vivo, mas é Cristo que vive em mim [...]. Eu vivo pela fé no Filho de Deus, que me amou e se entregou a si mesmo por mim" (2,20). Paulo vai além do jurídico da justificação para ressaltar o amor de Cristo. Esse amor é o modelo do amor fraterno ao qual Paulo convida os gálatas.

No terceiro capítulo da carta, Paulo mostra que a vida no Espírito é uma vida baseada no discernimento comunitário. Ser batizado é revestir-se de Cristo e viver o novo ser comunitário, que constitui o homem novo. É aí nos vv. 27-28 que Paulo cita o antigo rito do batismo: "Todos vós que fostes batizados em Cristo vos vestistes de Cristo. Não há judeu nem grego, não há escravo nem livre, não há homem nem mulher: pois todos vós sois um só em Cristo" (Gl 3,28).

A essência da vida de liberdade no Espírito é a prática do amor ao próximo. Quem ama de verdade já superou a Lei. O ser humano é incapaz, mesmo se deseja, de libertar-se por si mesmo. Somente o Espírito de Deus permite-nos sair do egoísmo para a plena realização da verdade e do bem. No Evangelho que Paulo prega aos gálatas, a liberdade gera o amor e o amor garante a liberdade.

A meta do discípulo de Cristo é pertencer à nova criatura. Ela não é uma realidade individual. Ela é a comunidade que nasce do Espírito e do amor de Cristo crucificado. O Israel de Deus é o novo povo de Deus composto de judeus convertidos e dos gentios. A nova criatura é, pois, o mundo novo onde não existe mais discriminação, nem exploração, nem dominação. É a utopia que deve orientar a prática da liberdade que vem na força do Espírito Santo.

7. A SABEDORIA CRISTÃ

As duas cartas à comunidade de Corinto são a compilação de uma vasta correspondência de Paulo com essa Igreja. Paulo apresenta o Evangelho para os judeus que pedem sinais e para os gregos que pedem sabedoria. Jesus Cristo é anunciado como o Crucificado, que é princípio da nova sabedoria cristã no meio das tensões do mundo greco-romano.

A própria cidade de Corinto era uma síntese dessas tensões e desses conflitos. Ela estava em uma encruzilhada estratégica e comercial. Um terço da população era livre ou liberta. Paulo faz várias referências à linguagem de escravidão: "Eras escravo quando foste chamado? Não te preocupes com isso [...]. Procura antes tirar proveito da tua condição de escravo [...]. Não me deixarei escravizar por coisa alguma [...]. Não vos torneis escravos dos homens" (1Cor 7,21-23).

No meio dessas diferenças, Paulo procura construir uma comunhão nas diferenças. Havia tensão de toda sorte: judeus e gregos, escravos e livres, homens e mulheres, e entre ricos e pobres. Nessas diversas manifestações de tensões sociais, Paulo anuncia o Evangelho, a sabedoria que é o caminho do amor fraterno.

Essa cidade cosmopolita era mal vista no mundo antigo. Viver "à moda corintiana" ou "corintizar" aplicava-se tanto à prostituição quanto à embriaguez. Paulo valoriza o corpo humano e a sexualidade. A pertença a Cristo Crucificado faz surgir um discernimento novo no meio dos desafios dessa cidade promíscua. A sabedoria de Cristo penetra com sua graça o casamento, a vida celibatária, o uso do dinheiro na comunidade e as tensões entre as raças e as classes.

7.1. Uma nova sabedoria

Paulo escreveu aos coríntios durante os anos de 53-55 d.C., quando ele pregava em Éfeso. As duas cartas que temos hoje são uma compilação de uma correspondência maior. Em 1Cor 5,9, Paulo faz referência a uma carta que não está no Novo Testamento. E em 2Cor 2,4ss, ele fala de uma carta que escreveu com muitas lágrimas.

Os textos que recebemos mostram a complexidade da cidade de Corinto e o crescimento das comunidades paulinas com os perigos que ameaçavam sua existência. A própria riqueza da comunidade tornou-se matriz dos problemas: divisões, lutas, orgulho e dominação de grupos sobre outros grupos. Há fundamentalmente uma luta entre aqueles chamados fortes e aqueles denominados fracos. É preciso saber discernir e manter a identidade cristã em um mundo dominado pela idolatria e pela injustiça estrutural.

Paulo enfrenta os problemas com cuidado e com dedicação, sem legalismo nem casuísmo. Ele combate o erro de modo absoluto, sem impor um mandamento. Ele combate a heresia sem ser intransigente. Ele trata cada problema e analisa ponto por ponto a informação que recebeu de Corinto. Vai ao coração de cada questão mostrando o que conta e o que não pode ser deixado de lado.

Na diversidade dos problemas existe uma unidade de tema. No começo da Primeira Carta, Paulo mostra que os partidos destroem a unidade do Corpo de Cristo e negam a Cruz. Todas as linhas de teologia são motivadas pelo desejo de auto-expressão e de promoção pessoal contra os outros. Todos querem mostrar a sua sabedoria, enquanto Deus mostrou na cruz que tal sabedoria destrói a vida e a unidade no amor fraterno. Paulo ensina que em Cristo tudo pertence à comunidade, e esta pertence a Cristo.

Assim, a liberdade não é algo de geral sobre a natureza humana. A liberdade nasce do discernimento responsável diante do bem do próximo e da comunidade na sua totalidade. A liberdade é um processo que nasce pela graça de Deus.

O discernimento que Paulo propõe diz respeito à religião, ao sexo e à vida social:

- 1 Coríntios 1–4 mostra a importância da sabedoria diante das divisões na comunidade;
- 1 Coríntios 5–7 mostra os problemas de comportamento sexual;
- 1 Coríntios 8–10 descreve o mau uso da liberdade;
- 1 Coríntios 11–14 chama atenção aos abusos nas celebrações litúrgicas.

Os fortes entre os coríntios consideravam-se superiores ao mundo e aos cristãos menos sofisticados. Tinham uma consciência e uma prática de classe que os colocavam na busca da dominação e da destruição dos outros. Esses fortes consideravam-se perfeitos conhecedores da revelação e cheios do Espírito Santo. Julgavam-se livres para fazer tudo o que queriam: nada de mal poderia atingir o seu ego (1Cor 6,12; 10,23). Podiam fazer o que quisessem com o corpo, pois nada atingiria o seu espírito. É assim que entendiam a liberdade que Paulo pregava.

Mas para Paulo só existe a liberdade que serve ao próximo e edifica a comunidade. A "liberdade para" é determinada pelo conteúdo concreto do ato de amor que faz o bem ao irmão e à comunidade toda.

As celebrações litúrgicas revelam o egoísmo e a prepotência dos fortes. Eles usam abstrações idealistas e dualistas para evitar os conflitos concretos na comunidade. Eles pregam uma "sabedoria" que despreza a cruz. Cristo Ressuscitado torna-se uma categoria abstrata e "transcendente" que justifica o sentimento de superioridade em relação aos mais pobres da comunidade.

Paulo apela para a realidade concreta. Ele prega o Crucificado que deu a vida pelos irmãos. Mostra que a liberdade verdadeira só existe numa responsabilidade de atos concretos em face do irmão. Essa responsabilidade pelos outros é mais importante que uma liberdade pessoal absoluta. Paulo prega que não se pode ter a Cristo sem a comunidade, nem viver a liberdade sem discernir as necessidades dos outros.

Toda essa problemática nasceu das contradições sociais da cidade de Corinto, que Cícero chamou a "Luz da Grécia".

7.2. A força do Evangelho

O pensamento do apóstolo nasce das dificuldades próprias dessa cidade pagã cosmopolita e conflituosa. Paulo teve de se desvencilhar do judaísmo ao se dirigir aos gentios. Corinto, capital do paganismo, marca uma segunda etapa do Evangelho e da compreensão da sabedoria da cruz. A vida na sociedade cristã tem uma novidade e originalidade: se alguém está em Cristo, é a nova criatura (2Cor 5,17).

Tomando como critério a fé na cruz do ressuscitado, Paulo percebe em Corinto a formação de três grandes grupos: os judeus que pedem sinais, os gregos que andam em busca de sabedoria e nós que acreditamos na força da cruz (1Cor 1,18-24). Esse "nós" forma um novo tipo de solidariedade social e comunitária, na força do Espírito de Cristo: todos fomos batizados em um só Espírito para ser um só corpo, judeus e gregos, escravos e livres, e todos bebemos de um só Espírito (1Cor 12,13).

O ponto fraco da comunidade em Corinto são as divisões e rixas dentro dela. Formam-se partidos em torno de determinados líderes. Há divisão entre ricos e pobres (1 Cor 11, 20). Os pobres formam a maioria e deveriam ser a esperança da transformação que vem da força da cruz. Mas, para os mais ricos e letrados, os pobres são simplesmente os fracos.

O conteúdo da sabedoria cristã é o amor que leva a uma vida de comunhão com Deus e com os irmãos. É a sabedoria que revela o poder corrosivo das divisões na comunidade. Quem vive em partidos não pode fazer parte do Corpo de Cristo.

7.3. Superar as divisões

Em 1 Coríntios 3, Paulo mostra que os vários apóstolos/missionários são simplesmente instrumentos da graça de Deus. Não se pode, portanto, fazer de um líder carismático o motivo da divisão dos grupos. Aqueles cristãos que dizem se orgulhar de ser de Cefas e não de Apolo ou de Paulo, ou vice-versa, não entendem que é só Deus que pode plantar e edificar uma comunidade.

Em 1 Coríntios 4, Paulo revela o verdadeiro motivo das divisões na comunidade: o orgulho. Os mais poderosos de Corinto têm necessidade de provar sempre que são superiores aos pobres. Assim, o apóstolo que os converteu ou que os batizou deve ser mais exaltado do que os outros missionários.

Outros motivos de divisão surgem nos capítulos de 7 a 14: o casamento, a virgindade e a escravidão. Alguns desses problemas vinham da idéia de que o corpo é irrelevante na vida espiritual (1Cor 6,12-20). Segundo o dualismo grego, a pessoa é feita de dois princípios distintos e de partes separadas: corpo e alma. A essência da pessoa estava concentrada na alma. O corpo era um elemento periférico destinado à corrupção por causa da matéria. O corpo não atinge a alma (1Cor 6,18).

Se o corpo não contribui para nada, por que proibir incesto ou prostituição? Paulo insiste na integridade e no valor do corpo como santuário do Espírito e sujeito da união com Cristo. O Espírito está presente no corpo e o santifica (1Cor 6,17.19).

Os membros da Igreja de Corinto fazem divisões até na base da importância dos dons que cada um exerce na comunidade. Paulo insiste que todos os dons devem convergir para a unidade do Corpo de Cristo. A diversidade dos membros e de seus dons está em função da unidade orgânica da vida do Corpo. Essa unidade reside no único Espírito que é dado, no único Senhor que é servido e no único Deus que está agindo.

No capítulo 13, Paulo apresenta o amor como o maior dos dons. É um ato que consiste em ser-para-os-outros um doador de vida, como o Pai é para nós em Cristo. O apóstolo apresenta o amor em atitudes pessoais. O amor é a integridade e a totalidade de uma pessoa (v. 2). Paulo descreve o amor de maneira positiva (ele é paciente, prestativo, tudo desculpa, tudo crê, tudo espera, tudo suporta) e de maneira negativa (ele não é invejoso, não se ostenta, não se incha de orgulho, nada faz de inconveniente, não procura seu próprio interesse, não se irrita, não guarda rancor).

No capítulo 14, Paulo faz uma hierarquia de dons na comunidade. Muitos membros se orgulham de ter o dom de línguas ou o de curas. Mas esse capítulo apresenta a profecia como o dom que é responsável pelo crescimento da comunidade. A profecia nos ensina a amar em situações concretas, e é o amor que constrói a unidade do corpo.

7.4. A ressurreição do corpo

A filosofia grega, em geral, dava pouca importância ao corpo humano. Assim, os coríntios não dedicavam muita atenção à doutrina da ressurreição. Para Paulo, o centro do discernimento está na verdade da ressurreição de Cristo, o qual é o primogênito dos que morreram (15,20-28). Paulo usa o exemplo da semente para esclarecer o mistério da ressurreição dos mortos. Se a semente não morrer, o trigo não vai crescer. Quem vê a semente não vê o trigo, e quem vê o trigo não vê a semente. A carta diz que o mesmo acontece com a ressurreição dos mortos: o corpo, que é semeado na fraqueza, ressuscita cheio de força.

7.5. O ministério da liberdade

Paulo teve uma longa e movimentada correspondência com a comunidade de Corinto. Muitos estudiosos pensam que 2 Coríntios contém trechos de várias cartas diferentes. É nessa carta que Paulo faz uma grande reflexão sobre a sua atividade apostólica (2Cor 2,14-7,4). Ele se define como um diácono de Cristo, um ministro da Nova Aliança (2Cor 3). Este ministério, na força do Espírito Santo, é o serviço da liberdade (2Cor 3,17).

O ministério é visto como um perfume de vida ou de morte. É um sinal de contradição que provoca uma reação nos ouvintes. É um serviço do Espírito que suscita a liberdade. Onde está o Espírito, aí há liberdade. Quem ouvir a Palavra do Evangelho e abraçar uma vida de amor torna-se um ser humano livre.

Paulo fala de seus co-trabalhadores no ministério: Silvano e Timóteo. O testemunho ao Evangelho deve ser comunitário. O apóstolo diz, em 2Cor 3,2-3, que os coríntios são uma carta de recomendação de seu ministério e, sobretudo, uma carta de Cristo. Ela é conhecida e lida por todos.

8. O CAMINHO DOS POBRES

O centro da mensagem de Paulo, na carta aos Filipenses, é o anúncio do Cristo pobre como o caminho e o modelo para a vida cristã no mundo. É preciso andar de maneira digna do Evangelho, e o caminho é Cristo, que assumiu a forma de escravo e morreu pregado na cruz (Fl 2,5-11). Logo no começo da carta, ele faz este apelo: "Vivei, acima de tudo, por modo digno do Evangelho de Cristo, para que, ou indo ver-vos, ou estando ausente, ouça no tocante a vós outros, que estais firmes em um só espírito, como uma só alma, lutando pela fé evangélica" (Fl 1,27).

A carta aos Filipenses e a carta a Filemon foram escritas quando Paulo estava preso. As duas cartas falam da liberdade, mas a dirigida a Filemon trata especialmente da questão da escravidão. Podemos ler as duas cartas na mesma perspectiva. Ambas apresentam a nova prática dos cristãos na sociedade. O caminho de Cristo é o da pobreza, e seu modelo é a cruz. Cristo é Senhor, porque ele assumiu a forma de escravo e, assim, chegou à glória da ressurreição. Todo cristão deve ser essa luz do Evangelho para sua geração.

Ser como Cristo exige discernimento. Como se lê em Fl 1,9-11: "É isto o que eu peço; que vosso amor cresça cada vez mais, em conhecimento e em sensibilidade, a fim de poderdes discernir o que mais convém, para que sejais puros e irreprováveis no dia de Cristo, na plena maturidade do fruto da justiça que nos vem por Jesus Cristo para a glória e o louvar de Deus".

O discernimento é expressão do ato de amor. Esse ato consiste em perceber o sentido que as coisas têm para o outro. O discernimento tem suas raízes no amor. Ele deve ser refinado para que o cristão possa distinguir o impulso genuíno do espírito e o impulso que tem sua origem no egoísmo. Somente o amor de um adulto em Cristo dá o discernimento adequado em uma situação moral, porque aquele amor desenvolveu-se em um partilhar contínuo que o faz inteiramente apto para responder (= ser obediente) ao apelo de Deus expresso nas necessidades da comunidade de fé.

O capítulo 2 apresenta um hino cristológico da Igreja primitiva. O quadro de fundo do hino é o Servo Sofredor de Isaías 49. Apresenta o modo concreto da existência histórica de Jesus ao assumir o caminho da cruz. A antítese é entre Jesus, que é a forma de Deus na semelhança de homem (vv. 6-7). Estamos no início da reflexão sobre as duas naturezas, divina e humana de Jesus.

9. A VIDA NOVA NO ESPÍRITO

A carta aos Romanos é o único texto que Paulo escreve para uma comunidade que ele não fundou. Ele sente-se muito ligado aos cristãos de Roma, pois muitos foram exilados pelo imperador Cláudio e trabalharam no ministério com Paulo na Ásia Menor e na Grécia. No capítulo 16, ele manda saudações a todos que conhecia na vida missionária.

Em 58, no fim de sua terceira viagem missionária, Paulo foi para Corinto, onde permaneceu por três meses (At 20,3). No fim dessa breve permanência em Corinto, ele decidiu ir a Jerusalém, onde queria estar no dia de Pentecostes (At 20,16). Em Corinto, Paulo hospedou-se na casa de Caio (Rm 16,23). Decidiu escrever aos cristãos de Roma uma carta que foi levada pela diaconisa Febe (Rm 16,1).

Nessa carta Paulo expõe as grandes linhas do seu Evangelho que ele tinha anunciado de Jerusalém até o Ocidente (Rm 15,19). Um novo futuro abria-se com a perspectiva de ir até a Espanha (Rm 15,24-28). Antes de empreender essa viagem ao Ocidente, Paulo ainda tinha uma missão a cumprir (Rm 15,5-28): levar a Jerusalém a coleta que ele tinha organizado nas Igrejas dos gentios.

A carta aos Romanos exprime a maturidade do pensamento de Paulo. O seu tema é o Evangelho como força de salvação para todo aquele que crê em Jesus Cristo. Ele mostra a situação do pecado no mundo e a salvação que vem por Cristo.

Paulo começa a carta anunciando o *Evangelho* (Rm 1,1-17) como o próprio poder de Deus. Ele descreve a situação de todos, judeus e gentios, sob o pecado que leva para a morte. O Evangelho é a salvação que vem do poder e do amor gratuito de Deus.

O apóstolo começa falando como jurista: a ira de Deus surge contra a situação universal de pecado (Rm 1,18–3,20). Mas tanto os gentios quanto os judeus são salvos gratuitamente (Rm 3,21–5,11). Antes do batismo de Cristo, a humanidade estava solidária com Adão no pecado e na morte (Rm 5,12-14). Mas, agora, ele pode anunciar que, pelo batismo, a nova humanidade está solidária com Cristo, o Segundo Adão (Rm 5,15-21). O batismo é uma participação na ressurreição (Rm 6).

Nos capítulos 7 e 8, Paulo apresenta a experiência humana concreta. É a tensão que existe entre a desintegração ou a integração do ser humano. Este, dilacerado interiormente, caminha para a desintegração (Rm 7). Mas, reunificado interiormente pelo Espírito, torna-se Filho de Deus (Rm 8).

Paulo medita sobre a situação de Israel nos capítulos 9–11. Os primeiros versículos do capítulo 11 são comoventes: com orgulho, Paulo enumera os sete privilégios e bênçãos de Deus para o seu povo, Israel. Mas, citando Oséias 2,25, ele mostra que outros povos irão conhecer o amor e a compaixão de Deus.

9.1. A vida em harmonia (Rm 12–15)

Romanos 12,1-2 é uma introdução que faz a transição entre os princípios fundamentais e a exortação para a vida concreta da comunidade. A norma de conduta dos cristãos em Roma é não mais a Torá, mas o amor mútuo. A verdadeira liturgia que agrada a Deus é o dom total de si em um processo de conversão radical.

Paulo apela aos membros da Igreja para dar os seus corpos como sacrifício vivo, santo e agradável a Deus. É essa a liturgia relevante. Ser transformados pela renovação da mente para discernir a vontade de Deus.

Para realizar essa liturgia, os cristãos devem evitar toda pretensão. Nenhum membro é melhor do que os outros. Nos versículos de 4 a 8, Paulo fala dos dons carismáticos. Mas esses dons diversos e ricos de conteúdo não devem levar a uma apreciação diferente das pessoas. Cada qual deve exercer os seus dons, mas não para fazer-se melhor que os outros. Em seguida, até o versículo 21, o apóstolo apresenta uma meditação sobre o mandamento do amor. Os dons são dados para servir a todos e não para promover alguns. Assim, o mais importante de todos os dons é o "amor".

A má interpretação de Romanos 13,1-7 é responsável por muitos dos males políticos. A obediência da qual fala o texto refere-se simplesmente às autoridades locais, responsáveis para coletar impostos e garantir a vida cotidiana. Um texto que pede o mínimo de obediência para evitar a anarquia social foi transformado em lei que pede o máximo de obediência por qualquer autoridade, por mais injusta que seja. Essa não foi a intenção de Paulo.

Romanos 14 continua a reflexão de Paulo baseada na tensão que existia na comunidade de Roma. Os gentios cristãos se consideravam os fortes que eram capazes de seguir a própria consciência e não precisavam de lições éticas de ninguém. Os judeus cristãos eram chamados de fracos, pois, seguindo a sua formação judaica, preocupavam-se com o consumo de carne oferecida aos ídolos ou o respeito aos dias consagrados a Deus.

Paulo dirige-se aos fortes mostrando que qualquer pretensão de ser melhor do que os outros por parte de cada grupo não é um problema teológico, mas uma expressão do egoísmo que ainda existe na comunidade. Nos versículos de 13 a 23, Paulo concorda com os fortes que nenhum alimento é impuro em si. Mas quem foi formado no judaísmo jamais aceitará que, se os ídolos não existem, carne oferecida ao que não existe não pode ser impura. Os fortes devem optar pelo amor e pela paz para viver em comunhão com os judeus cristãos. Ter uma comunidade que agrada a Deus é mais importante do que ganhar uma vitória intelectual.

No capítulo 15, Paulo desenvolve o mesmo tema numa perspectiva cristológica. Como Cristo, a comunidade deve carregar as fraquezas, os preconceitos, as ansiedades, as dúvidas que existem entre os membros. Como Cristo carregou as nossas enfermidades e o nosso sofrimento, nós também, pelo poder do Espírito Santo, devemos procurar a harmonia fraterna que traz a paz e a alegria.

9.2. Os ministérios na Igreja de Roma

Em Romanos 16, temos uma lista de 28 pessoas. É uma preciosa indicação da composição da Igreja de Roma. Sugere, também, uma comunidade dividida em *casas*. Pelos nomes nessa lista, pelo menos cinco pessoas eram judeus cristãos. É interessante, também, notar os nomes das mulheres na lista e os ministérios que praticavam.

Paulo fala dessas companheiras de maneira muito pessoal. *Febe* é chamada de irmã, que foi *diaconisa* em Cencréia e *prostátis* (v. 2). Esse termo significa líder, chefe, patrão ou protetor. É interessante notar que as nossas traduções preferem dizer que ela "ajudou a muitos, a mim inclusive!".

Em segundo lugar vem *Prisca*, com o marido Áquila. Ambos são chamados de co-trabalhadores de Paulo. Em outros lugares, Paulo usa o mesmo termo para descrever as lideranças das Igrejas (Rm 16,21; 1Ts 3,2; 1Cor 3,9; Fl 2,25; Fm 1.24). Atos 18 menciona o papel de Prisca e Áquila na formação de Apolo.

Em terceiro lugar, Paulo fala de *Júnia* com o marido, Andrônico. Os dois, diz Paulo, eram notáveis entre os apóstolos. Outras mulheres mencionadas, com Trifena, Trifosa e Pérside, são aquelas que muito lutaram no Senhor.

O apóstolo afirma que em meados do primeiro século, quando se pensa que o papel social da mulher era limitado, podemos encontrar na Igreja de

Roma um grupo de mulheres que tinha pregado o Evangelho e fundado Igrejas em várias partes do império.

Durante a perseguição do imperador Nero, nem são Pedro nem são Paulo estavam em Roma. Mas, por amor a essa Igreja, os dois voltaram a Roma e aí foram martirizados. A doxologia que termina a carta exprime os sentimentos dos dois mártires:

A Deus, o único Sábio,
por meio de Jesus Cristo,
seja dada a glória
pelos séculos dos séculos!
Amém

Resumindo

Paulo pregou o Evangelho em diálogo com cada comunidade eclesial. Mas o quadro teológico de fundo de cada carta é a profunda fé em Deus Pai, Criador do mundo. A base de toda a pregação é a fidelidade e o amor de Deus para conosco.

O foco central de cada carta é Jesus Cristo, o Crucificado, a quem se fez justiça na ressurreição. Em todo o Novo Testamento temos um dado seguro: Jesus de Nazaré não morreu por causas naturais no fim de um ministério de sucesso entre as multidões da Palestina! Ele foi morto de tal maneira que tanto os judeus como os gregos ficaram escandalizados. Mas Paulo insiste em que a sabedoria cristã nasce da cruz e é confirmada por Deus na ressurreição.

A terceira coluna da teologia paulina é o ato de fé como a única resposta digna da graça que recebemos em Jesus Cristo, Morto e Ressuscitado. Esse ato de fé, na teologia paulina, é uma entrega e uma confiança incondicional em Deus, em seu poder e em suas promessas.

Enfim, Paulo faz a síntese desses três pontos no edificar do Corpo de Cristo. A nossa fé no amor do Pai e na salvação que vem de Cristo nos leva a ser comunidade. A resposta perfeita da fé está na comunhão dos fiéis que vivem o amor descrito em 1 Coríntios 13.

Perguntas para reflexão e partilha

1. Qual a originalidade do conteúdo do Evangelho pregado por Paulo aos tessalonicenses (1Ts 1,9-10)?

2. Qual o sentido da alegria repetido tantas vezes na carta aos Filipenses?

3. A comunidade de Corinto se dividiu entre fortes e fracos. Quem se identificaria com esses grupos hoje em nossa Igreja?

4. Como entender as palavras de Paulo em 2Cor 12,9: "Basta-te a graça, pois é na fraqueza que a força manifesta todo o seu poder?".

5. Como você resumiria a carta aos Gálatas em seu Círculo Bíblico?

6. Quais são os exemplos que você usaria para explicar Rm 12,1-2 para seus colegas hoje?

Bibliografia

COMBLIN, José. *Paulo, apóstolo de Jesus Cristo*. Petrópolis, Vozes, 1993.

DUNN, James D. G. *A teologia do apóstolo Paulo*. São Paulo, Paulus, 2003.

HORSLEY, Richard (org.). *Paulo e o império*. São Paulo, Paulus, 2004.

MURPHY-O'CONNOR, Jerome. *Paulo*; biografia crítica. São Paulo, Loyola, 2000.

——. *A antropologia pastoral de Paulo*. São Paulo, Paulus, 1994.

Capítulo sétimo

MEMÓRIAS E DESAFIOS: OS CAMINHOS DAS COMUNIDADES E AS DEMAIS CARTAS DO NOVO TESTAMENTO

Pedro Lima Vasconcellos

O que vamos abordar aqui é uma série de escritos, em que se costuma reconhecer o caráter de cartas (mas Hebreus não o é!), deixando de lado as cartas autênticas de Paulo, estudadas no capítulo 6, e as chamadas "cartas de João", que já foram abordadas com o quarto evangelho. Esses textos se inscrevem no período que vai dos anos 70 até inícios do segundo século, época, aliás, em que surgiram quase todos os escritos do Novo Testamento, com exceção das cartas de Paulo.

Praticamente todos os escritos que aqui vamos considerar expressam um fenômeno muito comum na literatura antiga: a "pseudepigrafia", ou seja, a atribuição de escritos a alguém mais destacado, geralmente falecido. Com isso se buscavam maior aceitação do escrito e vinculação com a pessoa a quem ele estava referido. No tocante à tradição paulina, a tendência mais recente nos estudos é considerar que seis cartas que levam seu nome tenham, na verdade, surgido após sua morte: 2 Tessalonicenses, Colossenses, Efésios, 1 e 2 Timóteo e Tito. A elas se somarão, neste capítulo, Hebreus, Tiago, as cartas de Pedro e a carta de Judas.

Não sabemos com certeza de nenhum destinatário exato dessas cartas que devemos estudar; a notável exceção é 1 Pedro. Também as cartas que levam o nome de Paulo supõem o ambiente de comunidades fundadas ou animadas pelo grande apóstolo. De toda forma, é possível notar que umas tantas questões percorrem várias dessas cartas. A consideração delas pode nos oferecer um panorama significativo de como se encontravam algumas das comunidades seguidoras de Jesus no final do século I. Trata-se da segunda geração cristã e se vai sentindo, cá e lá, a necessidade de organização, a necessidade de responder a novos desafios. Novas tendências vão se manifestando.

Primeiramente, há o que se poderia chamar "crise escatológica". Arrefecia-se em alguns grupos a expectativa pelo retorno iminente do Senhor, que animara tanta gente na geração anterior, inclusive Paulo. Enquanto alguns escritos, como fará também o Apocalipse, reiterarão essa esperança (1Pd, Tg, Hb), outros a reinterpretarão em formas radicalmente distintas (Cl, Ef, 2Pd), além daqueles em que a temática é de importância claramente secundária.

Ligadas a essa problemática se encontram outras duas: a organização interna da comunidade e a relação com a sociedade. A perspectiva de uma trajetória de longa duração levará a que se repensem os modelos organizativos comunitários propostos, por exemplo, por Paulo. Ao mesmo tempo surgirá a tendência de moderação em face à sociedade circundante. Resultados, por exemplo, são a preocupação com o estabelecimento de condições para a ocupação de cargos de liderança e os esforços de afastar deles as mulheres (em 1Tm e Tt), a contemporização com as estruturas familiares patriarcais e escravistas (veja os códigos de conduta doméstica em Cl 3,18-4,1; Ef 5,21-6,9; 1Tm 6,1-2; 1Pd 2,18-3,6), a submissão às autoridades constituídas (1Tm 2,1-2; 1Pd 2,13-17).

Mas nem de longe essas posições serão as únicas. Com efeito, o que esses escritos nos revelam é uma enorme diversidade, tanto em termos teológicos (questões de ordem cristológica, escatológica e eclesial, entre outras) como práticos (relação com outros cultos, com a sociedade ao redor). Procuraremos salientar essa diversidade na exposição sobre cada um dos escritos. Esperamos no final ter oferecido um rico panorama da experiência cristã vivida na Ásia Menor no final do século I.

Com efeito, praticamente todos os nossos escritos (exceto Tg e, quem sabe, Hb) provêm dessa região, donde surgiram também a obra lucana e o Apocalipse. Daí deriva um detalhe fundamental: estamos num contexto pós-paulino, em que a influência de Paulo se faz notar e cuja memória é intensamente debatida (2Pd 3,15s). Tiago também se insere nesse contexto de disputa da herança de Paulo. Ao contrário da maioria, porém, 1 Pedro surge não da realidade urbana do Sul da Ásia Menor, mas dos campos pedregosos do Norte, distante das rotas comerciais e das novidades culturais. Não estranha, portanto, que vários textos levem o nome de Paulo, ao mesmo tempo preservando sua memória e interpretando-o em face das novas situações, desafios e conflitos.

É fundamental, seja do ponto de vista histórico, seja para a compreensão teológica, levar em suficiente consideração esse quadro variado que nos apresenta a etapa anterior e os primeiros indícios de uma padronização eclesiástica que terá lugar a partir do século II. Esse processo não foi pacífico; os grupos criticados por várias dessas cartas (1 e 2Tm; Jd; 2Pd; veja também Ap 2-3) são o melhor exemplo desse ambiente interno conflitivo. Mas eles devem ser entendidos não como dissidências, mas como herdeiras de tradições provenientes do século I (e representadas em alguns dos textos do Novo Testamento). Estamos, portanto, num período crucial para a definição dos rumos históricos do cristianismo.

1. NOS CAMINHOS ABERTOS POR PAULO

Se é verdade que Paulo provocou tensões e conflitos durante a vida, é também verdade que sua figura suscitou ainda mais controvérsias depois de sua morte. Seus seguidores conservaram e atualizaram sua mensagem, o que fez com que ela assumisse contornos os mais variados. Esse desenvolvimento posterior à morte de Paulo possibilitou ao menos duas coisas: a propagação e o prolongamento de sua mensagem em diversas direções e a preservação de sua memória, levando-o para além do âmbito das Igrejas paulinas. Isso possibilitou que vários escritos que levam o nome de Paulo, expressão desse processo desencadeado após sua morte, acabassem por ser incorporados no cânon da Igreja cristã, no Novo Testamento que se formaria a partir do século II.

1.1. A segunda carta aos Tessalonicenses

Embora existam estudiosos que ainda abordem esse escrito no quadro das cartas paulinas, parece mais conveniente entendê-lo como um primeiro representante da era posterior a Paulo. Isso porque ele parece reagir a 1 Tessalonicenses e a sua mensagem a respeito da proximidade do Dia do Senhor (2Ts 2,2). O escrito pretende contestar esperanças, que bem podiam nutrir-se dos escritos de Paulo, sobre a iminência desse dia. Efetivamente, o assunto da carta não é outro: há muito a ocorrer antes da "vinda de nosso Senhor Jesus Cristo" e "nossa reunião com Ele" (2Ts 2,1). Com imagens extraídas do universo da apocalíptica, o escrito recomenda a sua comunidade que se mantenha fiel às tradições e se afaste de quem ensinar diferentemente. Chama a atenção o texto de 2 Tessalonicenses 3,6-12: a expectativa pelo Dia do Senhor levara algumas pessoas a deixarem suas atividades e a pretenderem depender de outras para seu sustento e para a participação na ceia do Senhor. O apelo é para que a partilha (na liturgia e no cotidiano) não fique comprometida por conta de expectativas consideradas incertas.

Se efetivamente 2 Tessalonicenses não for de Paulo, nada sabemos com certeza a respeito de quem a escreveu e para quem foi escrita (seria para a mesma comunidade dos tessalonicenses que recebeu a primeira carta?). Quanto à época, também é difícil dizer algo seguro. Mas trata-se de um típico escrito que lida com a já mencionada "crise escatológica", o que sugere datá-lo de alguns anos após a morte de Paulo, quem sabe em torno do ano 70.

1.2. As cartas aos Colossenses e aos Efésios

Estudaremos essas cartas em conjunto, porque há vários indícios que sugerem ter sido a carta aos Efésios escrita com base naquela endereçada aos Colossenses. Quanto a esta, aumenta a percepção de que se trata de um escrito pós-paulino, datado, quem sabe, dos anos 80. Além de um estilo literário mais carregado que o encontrado nas cartas efetivamente escritas por Paulo, temos algumas concepções teológicas diferenciadas, como aquela segunda a qual o reino do Filho já está presente (1,13, ao contrário do Reino de Deus esperado para um futuro iminente em 1Cor 15,50). Cristo como cabeça do corpo (1,18; 2,19) não aparece na eclesiologia de 1 Coríntios, por exemplo, em que não se dá destaque à cabeça: a Igreja é o corpo de Cristo, o que inclui também a cabeça (1Cor 10,17.21). O batismo é visto como ressurreição (2,12; 3,1), o que não é exatamente o pensado por Paulo (Rm 6,1-11). Chama a atenção a ausência tanto do Espírito Santo como da cruz (em 1,19, a referência é quase acidental). A compreensão do apóstolo que completa em sua carne o que falta às tribulações de Cristo não condiz com a teologia da cruz de Paulo. O próprio termo "apóstolo" adquire aqui um enfoque bastante distinto daquele encontrado nas cartas autênticas.

a) Carta aos Colossenses

A carta aos colossenses se encontra organizada da seguinte maneira:

1,1–2,5	O alicerce da comunidade
2,6-23	Alerta contra filosofias e especulações
3,1–4,6	Exortações práticas
4,7-18	Conclusão (com a função de reforçar a pseudepigrafia)

Fica evidente a intenção principal da carta: alertar a comunidade em relação a algumas especulações e filosofias. De que se trata? Indícios fazem supor algum grupo judeu-cristão (2,11: circuncisão; 2,16: questões sobre alimentação e festas [lua nova e sábado]; 2,20.21: normas de pureza). Mas isso é assunto bastante controvertido. O que é certo é que o grupo combatido pela carta faz uma experiência de sincretismo bastante chamativa, e é para isso que o autor da carta quer alertar.

Daí que se entende que o autor faça, no começo da carta, uma longa exposição sobre a identidade da comunidade, e para isso se serve de uma cristologia muito bem elaborada, para mostrar Cristo acima dos poderes que o grupo-alvo da carta parecia ter em grande consideração (2,15). A novidade do autor seria a de contrastar aos seus adversários o impacto do sangue de Cristo derramado. O dado importante que deve ser notado, contudo, é que o autor da carta compartilha com seus adversários vários pontos de vista. O que faz, então, a diferença?

Antes de tudo, o lugar do Filho no cosmo: parece que os adversários tinham compreensão diferente daquela assumida pelo autor da carta: a certeza de que Cristo está acima dos poderes existentes sobre a terra. O realce do lugar do Filho é uma característica marcante da carta (1,16; 2,9-10.15), o que nos remete ao hino de 1,15-20, parte fundamental da estratégia da carta, no sentido de convencer a comunidade e traçar um perfil dela.

A primeira estrofe do hino (vv. 15-18a) se encontra estruturada em torno do v. 16, onde temos a carga cristológica fundamental no que diz respeito ao lugar de Cristo na criação. Ela trata do senhorio do Filho sobre as forças que tinham poder sobre o corpo. O v. 16 recoloca as relações entre o Filho e tais forças, afirmando que a criação se deu nele, por ele e para ele. A atenção particular aos "tronos ou senhorios, princípios ou autoridades" (cf. Rm 8,38; Ef 1,21) se justifica pelo fato de que, embora possivelmente se trate de anjos, essas figuras têm uma significação toda particular no imaginário cósmico e religioso da época; a elas se atribui o governo do mundo, em todas as suas dimensões. Mas é significativo que lhes sejam atribuídos nomes tirados do linguajar político. O hino sublinha a relação de dependência e subordinação desses poderes a uma força superior, que para o autor da carta é o Filho Jesus.

Num segundo momento (vv. 18b-20), mais do que o cosmo e os poderes que o governam, o termo "corpo" servirá como imagem da Igreja, mas não do mesmo modo que encontramos nas cartas paulinas (Rm 12,4-5; 1Cor 12,12-27). O que se destaca aqui não é a relação entre os membros, mas do corpo com sua cabeça. O texto se interessa em mostrar que o Filho invisível tem um corpo visível: as comunidades. Mas esse raciocínio faz também concluir que a Igreja visível tem uma cabeça invisível, e sem esta não pode funcionar. Dessa maneira, Igreja agora é algo que transcende a comunidade local e se constitui em realidade mística.

O senhorio do Cristo sobre a Igreja é expressão de sua primazia sobre as potências, o que viabiliza a reconciliação cósmica. Supõe-se uma situação de conflitos, envolvendo as coisas da terra e as do céu, algo quem sabe de proveniência apocalíptica. Estaríamos aqui diante de um sinal de uma mentalidade que já não pensa mais a história a partir da cosmovisão apocalíptica, em que os conflitos históricos se articulam dialeticamente com os conflitos celestes. Os poderes cósmicos estão submetidos, e agora o desafio é historicizar a reconciliação e a paz inauguradas pelo sangue derramado na cruz. O poder dessa articulação não deve ocultar o fato de que estamos longe da teologia paulina, segundo a qual a cruz (não o sangue dela derramado) é escândalo para uns e loucura para outros (1Cor 1,23-24).[1]

Outro aspecto importante na argumentação do autor de Colossenses é a proposta de relativização de práticas ritualistas, de cunho "sectário", por uma postura de "acomodação" aos padrões convencionais da família patriarcal. Temos uma proposta de inserção da comunidade na sociedade. Porém é necessário levar em conta que essa acomodação não se dá sem mais. Esse é o sentido da *Haustafel* (código de conduta doméstica) que lemos em Colossenses 3,18–4,1. Esse era um gênero literário bastante co-

---

[1] Para uma leitura significativamente distinta do hino de Colossenses 1,15-20, veja ANDERSON, Ana Flora. O povo e os poderes do império. *Estudos Bíblicos* 23 (Petrópolis, 1989), pp. 61-72.

nhecido na época, e entre os modelos desse período e aqueles encontrados na literatura cristã primitiva (além daqueles que lemos no Novo Testamento, temos outros nas cartas de Inácio de Antioquia e Clemente Romano) podem haver diferenças substanciais. No nosso caso, levando-se em conta que o texto supõe redação e sociedade patriarcais, podemos notar as seguintes características diferenciadas:

a) no v. 18, as mulheres (e depois os filhos e os escravos) aparecem como interlocutoras, enquanto nos modelos helenísticos a *Haustafel* é endereçada ao homem livre e adulto; às mulheres é solicitada submissão "como convém" e ainda "no Senhor"; trata-se de atenuantes que (a contragosto?) reconhecem o papel real que tais grupos desempenham na comunidade;

b) no v. 19 é cobrado aos maridos "amor", com todo peso que o termo tem na linguagem do Novo Testamento e na tradição paulina. E se especifica o mau-humor como algo a que o marido deve renunciar;

c) os filhos são, no v. 20, vistos como sujeitos;

d) em 4,1 não se solicita dos senhores mera compaixão, mas o justo e o eqüitativo.

Apesar de todas essas ressalvas, a proposta é, claramente, de pensar a família e a comunidade cristã nos moldes da família patriarcal, moderando os excessos que distinguiam e opunham seus diversos componentes.

Finalmente, o apego à tradição inaugurada pelo apóstolo Paulo é o diferencial decisivo entre o autor e seus adversários e o que legitima a identidade comunitária postulada pela carta. Com isso se percebe que a pseudepigrafia não desempenha papel apenas literário, mas confere peso peculiar à argumentação da carta.

b) Carta aos Efésios

Se a carta aos Colossenses, como vimos, argumenta fundamentalmente a partir de uma cristologia muito elaborada, a carta aos Efésios tem sua ênfase maior na reflexão sobre a identidade da Igreja e sua presença no mundo. Mas antes de tratarmos desses temas teológicos, precisamos definir seu caráter pós-paulino e sua dependência de Colossenses.

Uma leitura atenta de Efésios revelará que estamos muito distantes do pensamento de Paulo e das circunstâncias de suas comunidades: além de um vocabulário muito específico, o estilo é carregado, quase monótono (feito de períodos longos [1,3-10.15-21] e expressões redundantes [1,5-6], bem como de sinônimos acumulados [1,5-6]), distante do nervoso e imediato Paulo das cartas autênticas. Também as concepções teológicas são diferenciadas e nos distanciam do tempo de Paulo: os apóstolos são fundamento da Igreja, com os profetas (2,20); também a pregação aos gentios é fundamento para a Igreja (3,1-13). Se para Paulo a presença dos gentios na comunidade cristã era um desafio a ser assumido, em Efésios é uma realidade a ser confirmada. Também aqui a compreensão de Igreja se distingue daquela que encontramos nas cartas paulinas, e isso é importante notar, visto que em Efésios encontramos uma especulação eclesiológica bastante articulada. Particularmente a unidade da Igreja é pensada de forma toda especial (em termos místicos, cósmicos, no processo de unificação do universo). Se em Paulo ela se tornava visível, por exemplo, pela solidariedade efetiva de uma coleta para a Igreja de Jerusalém, em Efésios é considerada um processo divino em âmbito cósmico no qual a participação é vista como anseio e meta (4,7-16).

Particularmente decisivo para reconhecer o caráter posterior da carta aos Efésios é notar sua estreita dependência da carta aos Colossenses. Efésios prolonga e desenvolve o caminho iniciado por Colossenses. Essa relação se mostra por três critérios, pelo menos:

1) no esquema;
2) na terminologia de idênticos pensamentos e contexto similar;
3) (e este é um ponto decisivo) contatos na mesma terminologia apesar da diferença de idéias.

Um bom exemplo disso é a compreensão de "mistério" em Cl 1,26 (a salvação) e em Ef 3,3-4 (a incorporação dos pagãos à Igreja). Veja também o conceito de "corpo": em Colossenses 2,19; ele se refere ao cosmo e seus poderes, enquanto em Efésios 4,15s a alusão é à Igreja e seus carismas.

Apesar da dependência antes apontada, não existe em Efésios a premência de uma questão específica a ser enfrentada, como víamos em Colossenses. Os assuntos são mais genéricos. Isso aponta para outro aspecto fundamental: a carta aos Efésios não é endereçada a uma comunidade específica, muito menos à de Éfeso. Os melhores e mais antigos manuscritos não trazem no destinatário da carta a expressão "aos efésios",[2] e da mesma maneira autores antigos como Marcião e Orígenes desconhecem tal menção. O estilo e a temática da carta realmente apontam para uma carta que tem como público um grupo maior de comunidades. Já é possível pensar em uma carta que possa visar ao mesmo tempo a várias comunidades, transcendendo as peculiaridades de cada uma delas. Estamos vivendo um processo de sedimentação nas comunidades da tradição paulina (ou algumas delas). A carta procura afirmar fundamentos válidos para todas as comunidades, para além das diferenças e particularidades locais.

Esses dados poderiam ainda ser acrescidos de outros. Mas são suficientes para exigirem a Efésios uma autoria posterior aos tempos de Paulo, como também que a carta tenha surgido em tempo posterior ao da carta

---

[2] Veja nota a esse respeito na *Bíblia de Jerusalém*.

aos Colossenses. Como a carta aos Efésios é certamente conhecida de Inácio da Antioquia, que escreveu no início do século II, podemos afirmar que ela deve ter sido escrita na década de 90.

O esquema da carta é muito simples e claro:

1,1-2	Endereço e saudação
1,3-23	Introdução
2–3	Exposição sobre o mistério da Igreja
4–6,20	Exortações práticas
6,21-24	Saudação final

Apesar de a carta não apontar explicitamente questões específicas, seria ingenuidade imaginar que tenha sido escrita sem finalidades precisas. Parece que a questão central é a da relação entre judeus e pagãos em parâmetros diversos daqueles apontados por Paulo. A relação se tornara mais complexa: os grupos judeus nas comunidades parecem diversificados. Como pensar a identidade eclesial? Pela crítica a práticas localizadas e "sectárias", como pretendeu o autor de Colossenses? Pelo contrário, em Efésios a ênfase é na unidade. A Igreja não se restringe mais geográfica nem racialmente; este parece ser o grande conteúdo teológico da carta: a unidade misteriosa que Deus cria na sua Igreja feita de judeus e pagãos. Note-se, inclusive, que isso condiz com o fato já mencionado de a carta não ser endereçada a nenhuma comunidade em particular.

Se tomamos o capítulo 2 como exemplo, podemos notar algumas das características da reflexão de Efésios sobre a Igreja. Ao mesmo tempo se notam a dependência em face da tradição e da problemática encontrada nas cartas paulinas e o distanciamento em face destas. A Igreja reúne a humanidade toda e unifica as duas partes antes separadas, os judeus e os pagãos. É nesse sentido que Efésios interpreta e dá novo sentido a reconciliação a que Colossenses 1,19 aludia: de dois povos o sangue da cruz fez um só (2,14ss). Essa argumentação não deixa de ser problemática, na medida em que se arrisca a diluir o povo de Israel como uma identidade histórica. A ênfase insistente é na unidade: um só homem novo, um só corpo, um só povo. De toda forma, a reflexão caminha para afirmar a cidadania de todos os membros da Igreja, alicerçada nos profetas e apóstolos. No final (6,10-20), a carta se encarregará de mencionar os inimigos desta unidade.

Note que até mesmo as orientações para a conduta doméstica e as relações entre os membros da família se articulam à consideração que a carta propõe sobre a Igreja. O melhor exemplo diz respeito ao que se pede dos maridos em relação às esposas, em 5,25-32. Depois da solicitação de que as mulheres se submetam a seus maridos e de que estes as amem, o texto se detém em expor como o Cristo ama sua Igreja. No fim das contas, a sujeição das mulheres aos maridos é comparada à relação de subordinação entre a Igreja e Cristo. Uma argumentação que certamente incomoda nossa sensibilidade, ainda mais pelo fato de que servirá de base para o que se pedirá dos filhos e principalmente dos escravos (sem deixar de reconhecer a contrapartida solicitada de pais e senhores).

1.3. As cartas pastorais

Esse título foi reservado, já desde o século XVIII, a três cartas da tradição paulina que trazem características muito especiais, que por um lado as aproximam uma da outra e por outro as distanciam das demais epístolas: 1 e 2 Timóteo e Tito. Por isso, apresentaremos um roteiro para a leitura do conjunto. O título se justifica pelo fato de que as cartas aparecem endereçadas a líderes de certo renome nos inícios cristãos e porque se preocupam principalmente com a organização das comunidades. O que não quer dizer que as outras cartas encontradas no Novo Testamento não sejam pastorais, cada qual a seu modo.

Já na Antigüidade cristã havia quem duvidasse de que Paulo fosse o verdadeiro autor dessas cartas. Mais recentemente essa impressão foi sendo reforçada por argumentos de ordem literária e outros relativos ao próprio conteúdo dos escritos. Salientaram-se a diversidade de vocabulário e o estilo das cartas, distantes do que lemos nas cartas efetivamente de Paulo. Mas principalmente chama a atenção que as cartas pastorais adotem posições que parecem negar o que Paulo afirmara, ou ao menos apontam em direção substancialmente distinta. Por exemplo, nelas se encontra uma acentuada preocupação com a organização da comunidade, particularmente com ministérios. Estes só podem ser ocupados por pessoas que cumpram algumas condições prévias, que é o que se esperava de um homem da comunidade, de um pai de família. Como estamos longe da linguagem e do reconhecimento da ação do Espírito proclamada em 1 Coríntios 12!

Efetivamente, as preocupações das cartas pastorais são duas: a organização das funções de liderança e a guarda da doutrina. Quanto à primeira, deve-se notar que a linguagem das cartas é inegavelmente patriarcal e as referências às mulheres são por vezes pejorativas (ver 1Tm 2,9-15; 2Tm 3,6ss), mas devem ser feitas duas ressalvas a respeito: as "diáconas" de 1 Timóteo 3,11 e as viúvas de 1 Timóteo 5,1-16, e o fato de que as ressalvas que as cartas revelam em relação à mulher enquanto liderança na comunidade exigem supor que nas comunidades essa liderança efetivamente existia. Por outro lado, não se deve pensar que as cartas pastorais já proponham uma hierarquização rígida das funções nomeadas (*epíscopo*, presbítero, diácono). Ao contrário, parece que elas eram intercambiáveis ou poderiam ser assumidas indistintamente por uma mesma pessoa (Tt 1,5-9). Ao que parece, ao *epíscopo* se confiava a responsabilidade pela doutrina e pelo ensino; ao presbítero, a presidência das assembléias comunitárias; e aos diáconos e diáconas, a realização de funções diversas. Às viúvas confia-se a oração, a intercessão. Os textos mostram o desenvolvimento que as funções foram tomando naquele contexto. As cartas supõem a autoridade apostólica, de Paulo evidentemente, como garantia da correta organização da Igreja (2Tm 1,6; Tt 1,5).

Toda essa preocupação em organizar os cargos de direção comunitária tem uma motivação particular: a preservação da verdadeira doutrina (1Tm 6,20; 2Tm 2,11-14). O problema é que quase só por eliminação podemos identificar os conteúdos desta que é verdadeira obsessão de quem escreveu as cartas pastorais. Tradições judaicas (lei, genealogias, fábulas) são desprezadas. Elementos aproximados ao gnosticismo (ressurreição já acontecida, conhecimento como experiência) são vistos como desvios. Os hereges são vistos como arrogantes e parecem ter práticas ascéticas quanto ao casamento (1Tm 4,3), nisso seguindo bem de perto a Paulo (1Cor 7), e a alimentos (1Tm 5,23; Tt 1,15). Muito mais do que isso não se pode dizer. As cartas sugerem, diante dessa diversidade, o apego à tradição legitimada pelo apóstolo Paulo, que tornará dispensáveis as estéreis discussões (1Tm 1,6; 4,7). Esse tipo de preocupação associa essas cartas a outros textos, de dentro e de fora do Novo Testamento, datados da virada do século I para o II. É nesse período que situamos a redação das cartas pastorais.

2. A CARTA AOS HEBREUS

Com esse escrito praticamente saímos do âmbito da tradição paulina, pois não se apresenta com o nome de Paulo em seu início, embora no final (Hb 13,22-25) encontremos um bilhete que, ao mencionar Timóteo, nos remete para o universo dos colaboradores do grande apóstolo. Por outro lado, há alguns elementos no escrito que nos encaminham para o cristianismo de origem paulina. De toda forma, estamos diante de um escrito que não é carta, nem é de Paulo, muito menos é dirigido aos hebreus.

Mas a questão mais intrigante na leitura desse escrito é outra. A todo momento Jesus é apresentado no escrito como sacerdote, sumo sacerdote. Essa expressão indicava o mais importante dos sacerdotes do Templo de Jerusalém, que exercia a função de comando das atividades que aconteciam aí. Conhecemos o nome do sumo sacerdote do tempo de Jesus: Caifás, que ajudou a tramar o assassinato dele na cruz (Mt 27,57). Ora, sabemos que o sacerdócio em Israel era exercido por homens de uma das doze tribos de Israel, a de Levi. E Jesus não era levita, não era sacerdote. Ele era leigo, e sendo leigo entrou em conflito com as práticas sacerdotais do seu tempo.

Na verdade, nosso texto é o único do Novo Testamento a considerar Jesus dessa maneira, como sacerdote. O livro do Apocalipse e 1 Pedro chamam o povo fiel das comunidades de "reino de sacerdotes" (Ap 5,10; 20,6) e "sacerdócio santo e régio" (1Pd 2,5.9). Mas nunca Jesus é apresentado aí, sozinho, como sumo sacerdote. Como foi possível ao autor de nosso texto chamar sacerdote alguém que desafiou o poder e a ação dos sacerdotes? E qual é o sentido dessa afirmação?

Como vimos, não sabemos nada a respeito de quem escreveu Hebreus, nem para quem ele foi dirigido. A única coisa que se pode dizer é que seu escritor é alguém que ouviu falar de Jesus e de sua mensagem por meio de pessoas que terão convivido com ele (veja Hb 2,3); o que nos remete para os anos 80 e 90. E talvez se possa dizer algo sobre o lugar de onde o escrito partiu: o bilhete final fala que "a gente da Itália" manda saudações à comunidade que recebe o texto (Hb 13,24). Talvez o escrito tenha surgido em Roma e daí enviado.

Nada sabemos da comunidade que recebeu o texto. Mas algo é sugerido a respeito da situação que ela vivia: veja Hebreus 10,32-39. A comunidade viveu ou continua a viver uma experiência de sofrimento que fez com que alguns a abandonassem (10,25). A comunidade está enfraquecida e precisa de leite, alimento das crianças, mas o autor esperava que ela estivesse madura (5,12-14). Algo tornou a comunidade "lerda": as mãos estão cansadas e os joelhos, enfraquecidos (12,12). As pessoas foram despojadas de seus bens e algumas, aprisionadas (10,34), outras foram submetidas a insultos e tribulações (10,33). O risco de fraquejar é grande; daí a exortação para que a comunidade olhe para seus primeiros tempos e seja firme como foi no passado. A perspectiva do martírio não está distante (veja 12,1-7). Quem sabe alguns membros da comunidade terão sido apresentados como espetáculo, ou seja, foram ridicularizados e humilhados publicamente (10,33; 13,13). No conjunto a comunidade perdeu seu *status* dentro da sociedade em que vivia, se vê desonrada, envergonhada. Mas ela merece elogios: em momentos de perseguição no passado, ela se mostrou solidária em relação àquelas pessoas que sofreram mais diretamente. Auxiliando as pessoas encarceradas da comunidade, as demais não deixaram de correr risco, mas deram testemunho claro de que a opção delas era a solidariedade comunitária e não os valores e práticas de quem as perseguia. Estaria 13,3 falando de novos prisioneiros da comunidade de quem é necessário cuidar agora?

Hebreus se apresenta em nossas Bíblias como uma epístola, uma carta. Mas muito provavelmente esses termos não correspondem a nosso escrito. Ele não tem os traços de uma carta. Também não se trata de um tratado doutrinário, nem um escrito que quer entrar em polêmica com outras religiões. O que temos então? Em 13,22, vemos que o escrito se apresenta como uma "palavra de exortação". Essa expressão aparece também em At 13,15, onde Paulo e Barnabé são convidados a dirigir a palavra ao povo reunido na sinagoga de Antioquia da Pisídia. Se valer o mesmo sentido, teremos em Hebreus uma meditação, talvez uma homilia, que parece ter sido escrita para ser lida diante da comunidade reunida (2,5; 5,11; 6,9).

O que Hebreus pretende? A linguagem sofisticada, particularmente em algumas expressões, pode passar a impressão de que seu autor estaria preocupado em fazer a comunidade se desligar da realidade presente (veja Hb 13,14). É verdade que houve quem pensasse que Hebreus tivesse essa mentalidade. Mas esta é uma leitura equivocada de nosso escrito. A "pátria futura" de Hebreus não é muito diferente dos "novos céus" e da "nova terra" do Apocalipse de João. Hebreus busca que a comunidade não fique acomodada à realidade e que não abandone o testemunho e os valores do seguimento de Jesus para ficar bem com a sociedade e com os valores dela. Hebreus recupera e afirma a dimensão da utopia: não se conformar com os esquemas do mundo e da sociedade, pois não é possível conciliá-los com o seguimento de Jesus. Por isso, o povo de Deus em Hebreus é sempre peregrino, refaz o caminho do êxodo (veja 3,7–4,13). Hebreus quer reforçar os laços da comunidade e fazer com que ela adote práticas que sejam alternativas às possibilidades oferecidas pela sociedade da época. Para isso, trabalha principalmente as idéias e as concepções da comunidade, para que não levem ao desânimo e à desesperança.

Há várias maneiras de apresentar a organização de Hebreus. Alguns levam em conta a alternância entre reflexão e exortação. Assim teríamos, depois da introdução (1,1-4), uma apresentação sobre o nome de Jesus (1,5–2,18) e uma exortação inspirada na caminhada do povo de Israel no deserto (3,1–4,14), uma apresentação do sumo sacerdote Jesus (4,15–5,10) e mais uma exortação (5,11–6,20), e assim por diante. O centro, e ponto alto do escrito, se encontraria nos capítulos 8–9, que tratam do sumo sacerdote sentado à direita de Deus, que realizou a nova aliança e nos tornou capazes de servir ao Deus vivo.

Propomos aqui outra forma de considerar a organização de nosso escrito. Doutrina e exortação não se separam; pelo contrário, visam orientar a comunidade sobre como deve se sentir e agir. Hebreus não é mera doutrinação, mas tem como finalidade principal alimentar a caminhada da comunidade, cansada e enfraquecida. A exposição sobre Jesus como sumo sacerdote não tem finalidade em si, mas quer confortar e dar confiança à comunidade: seu líder não é qualquer um! Trata-se, porém, de um sacerdócio distinto do então existente: é da ordem de Melquisedec, o que faz de Jesus o mediador definitivo entre Deus e a humanidade. As instituições e outros eventuais mediadores terão se tornado definitivamente relativos![3]

---

[3] Nesse sentido, afastamo-nos de uma perspectiva muito comum na leitura de Hebreus, que vê na exposição sobre o sacerdócio de Jesus o único tema do escrito, convertendo-o em uma apresentação doutrinal sobre o assunto (de alguma forma, essa perspectiva é representada pelo trabalho de Vanhoye, Albert. *A mensagem da epístola aos Hebreus*. São Paulo, Paulus, 1983). Veja, a esse propósito, Schreiner, Joseph & Dautzenberg, Gerhard. *Forma e exigências do Novo Testamento*. São Paulo, Paulus, 1977. pp. 386-414.

Dessa forma, a organização que propomos destaca a ligação entre o ensinamento e a exortação:

a) *1,1–4,13*: Convite a ouvir a Palavra de Deus, que se revelou ultimamente por meio de seu Filho. Note-se que no começo temos a apresentação da Palavra de Deus e das pessoas pelas quais Deus fala. No fim temos a mesma coisa: um reconhecimento da força da Palavra de Deus e da necessidade de escutá-la (4,12-13). É a "moldura" desta parte de Hebreus. Ela sustenta as outras duas que virão: a escuta da palavra é o início de tudo.

b) *4,14–10,31*: Depois de ouvir a palavra, a profissão de fé. A comunidade é exortada a se aproximar de Deus com a certeza de que o sumo sacerdote Jesus lhe possibilitou isso. Veja a moldura desta parte: a menção ao sofrimento do Filho de Deus em 4,14-15 e em 10,29.

c) *10,32–13,17*: Conseqüência da profissão de fé é a necessidade de seguir a Jesus e perseverar no caminho, apesar das dificuldades e sofrimentos. A moldura desta parte: o "lembrem-se" de 10,32 e o "não se esqueçam" de 13,16, que se referem a realidades da comunidade, no passado e no presente.

Conclusão: pedidos de oração (13,18-19), desejo em favor da comunidade (13,20-21) e saudações finais (13,22-25).

3. AS CARTAS DE PEDRO E JUDAS

Essas três cartas podem ser consideradas em conjunto, seja porque em 2 Pedro 3,1 se faz alusão explícita a 1 Pedro, seja porque 2 Pedro retoma, corrige e desenvolve o teor da carta a Judas. Começamos com 1 Pedro, uma verdadeira jóia.

3.1. 1 Pedro

1 Pedro é a única das cartas abordadas neste capítulo sobre a qual podemos saber algo a respeito dos destinatários. Afinal de contas, em 1,1 se mencionam algumas regiões (todas no Centro e Norte da Ásia Menor, por onde Paulo missionara). O processo de colonização romana por lá não foi completo, de modo que a região manteve predominância rural, com marcantes diferenças de raças, línguas e costumes, além de se encontrar longe de grandes centros urbanos.

Além disso, a carta oferece indícios importantes de que os cristãos e cristãs vivem aí como estrangeiros. Em 2,11 se fala deles como "andarilhos e estrangeiros" (veja ainda 1,17: vivem fora da pátria). Na verdade, considerar essa situação particular dos destinatários da carta é de enorme importância para sua adequada compreensão. O *status* social de pessoas estrangeiras e forasteiras não era dos melhores: elas eram desprovidas de alguns direitos básicos (como o de possuir terras, casar-se com gente da região, votar ou comprar terras) e eram consideradas suspeitas e perigosas. Os andarilhos apenas podiam atravessar o território, não tendo sequer o direito de permanência no país. Em trânsito, eventualmente exerciam trabalhos clandestinos. Naturalmente não possuíam nenhum direito de cidadania. Eram pessoas "livres" no sentido de não estarem sujeitos a ninguém como "escravos", mas perambulavam à margem da sociedade. A comunidade cristã é formada por gente marginalizada, e isso fará toda diferença na hora de nos perguntarmos pelo sentido de 1 Pedro.[4]

Também aqui estamos diante de um escrito pseudepigráfico: não temos nenhuma informação a respeito de Pedro atuando na Ásia Menor. Além disso, como veremos, a situação vivida pela gente que recebeu a carta sugere um tempo posterior à morte do apóstolo.

Seja quem for, o autor da carta afirma estar em Babilônia quando a escreve (1Pd 5,13). Outra indicação que é preciso decifrar: vários textos judeus da época (veja Ap 18) referem-se a Roma qualificando-a como Babilônia, terra da violência e da opressão. Mas talvez se deva tomar esse nome em outro sentido: como indicativo da situação vivida pelo autor, um exílio (o que Babilônia provocara aos judeus séculos antes). Em outras palavras, quem escreve a carta compartilha do destino da gente que a deveria receber.

Levar em consideração esses detalhes é fundamental para a compreensão da carta. Isso porque ela desenvolve uma teologia da eleição dessa gente marginalizada. Veja 1 Pedro 1,1: a gente escolhida é justamente aquela que vive dispersa como estrangeira. Os dois primeiros capítulos da carta desenvolvem intensamente, a partir das lembranças do êxodo e do exílio dos judeus, essa proposta radical: a comunidade há de não se conformar à situação social em que se encontra, dada sua nova identidade, de gente que nasceu de novo (1Pd 1,3.23). Ela, por conta da marginalização experimentada, podia não ser povo, mas agora o é; podia não ter alcançado misericórdia, mas agora a alcançou (1Pd 2,9-10). Por isso é desafiada a edificar uma casa espiritual, o lar para quem não o tem (1Pd 2,5). A aproximação a Jesus, pedra viva, deverá trazer a coesão entre os membros da comunidade. A proposta é de uma comunidade hospitaleira, que há de ser uma casa para os desabrigados, um lar para os sem-teto, espaço de acolhida e afeto

---

[4] Nesse aspecto, deve-se prestar atenção às traduções e notas das Bíblias referentes a 1 Pedro; elas tendem a converter os termos "peregrinos" e "forasteiros" em conceitos de teor antropológico, referentes à condição humana na terra, descartando seu sentido básico, sociológico, que alude à situação vital de alguns grupos humanos específicos. Veja, por exemplo, 1 Pedro 1,17: há Bíblias que acrescentam, depois de "exílio", a expressão "neste mundo". A mesma expressão aparece, em diversas traduções, também após "andarilhos e estrangeiros" de 2,11. O texto original não apresenta tal expressão em nenhuma das duas passagens.

para os mais esquecidos. Ali as pessoas passam a ser filhas de um Pai comum que não faz distinção de pessoas (1Pd 1,14.17).

Mas essa comunidade marginalizada-eleita era vista com particular descrédito e suspeita, por conta da fé que conferiu a seus membros um novo sentido para o viver. Talvez um documento extrabíblico lance luzes sobre a situação. Trata-se da carta de Plínio, governador romano da Bitínia (uma das províncias mencionadas em 1,1) ao imperador Trajano, datada de 112. Nela, Plínio interroga Trajano sobre como agir com os cristãos. Afirma a uma certa altura ter conseguido que um grupo deles incensasse as imagens das divindades e blasfemasse contra o Cristo. E continua: "Outros, cujos nomes tinham sido fornecidos por um denunciador, disseram que eram cristãos, depois afirmaram não o ser, que tinham sido realmente cristãos, mas que tinham deixado de sê-lo, uns há três anos, outros há mais tempo, outros até há vinte anos".[5]

Talvez a situação descrita por Plínio represente uma etapa posterior àquela sugerida nas entrelinhas de 1 Pedro. Isso porque Plínio fala de gente que era cristã e deixara de ser lá pelos anos 90 (mais ou menos quando 1 Pedro terá sido escrita). Outro detalhe importante diz respeito a como Plínio começou a agir contra os cristãos e cristãs da Bitínia: por uma denúncia anônima. Isso faz todo sentido quando se lê 1 Pedro atentamente: a comunidade cristã é difamada (1Pd 2,13; 3,16). Essa desconfiança manifestada no cotidiano (1Pd 4,3-4) desembocará numa hostilidade mais acentuada, que será oficializada pela ação de Plínio. 1 Pedro supõe a etapa inicial das dificuldades, em que a discriminação vem da vizinhança, um pouco a cada dia.

É nesse contexto que nosso escrito sugere uma "teologia do martírio", que precisa ser adequadamente compreendida. Trata-se não de defender o sofrimento pelo sofrimento, mas de enfrentá-lo na situação específica que a comunidade está vivendo, com a certeza de que, nessas circunstâncias, ela está participando dos sofrimentos de Cristo (1Pd 4,13): a comunidade sofre perseguição por causa da justiça (1Pd 3,14). Também nesse contexto se entenderá o código de conduta doméstica de 1 Pedro 2,13–3,6, cujo teor é bem mais moderado que aquele encontrado nas cartas que já consideramos: cautela para não reforçar as suspeitas já existentes. O enfrentamento dessas situações adversas, afirma o autor, garantia a libertação que em breve haveria de ocorrer (1Pd 5,10; veja também 1,6-10). Como se vê, 1 Pedro reitera a expectativa de um fim próximo das coisas; esse quadro diferencia enormemente o sentido que a submissão de escravos e mulheres tem em 1 Timóteo, Colossenses e Efésios, de um lado, e 1 Pedro, de outro.

---

[5] Veja o texto completo deste importante documento sobre os inícios cristãos em COMBY, Jean & LEMONON, Jean-Pierre (orgs.). *Roma face a Jerusalém*; visão de autores gregos e latinos. São Paulo, Paulus, 1987. pp. 46-48.

3.2. Judas e 2 Pedro

Passemos adiante. Como dissemos, ao escrever 2 Pedro o autor se utilizou da carta de Judas. Vamos considerá-las, portanto, em conjunto.

Um mundo completamente distinto daquele que se encontra em 1 Pedro aguarda quem passa a 2 Pedro, que nos remete para o início do século II. Ela se apresenta como a segunda carta escrita pelo apóstolo (2Pd 3,1) a um determinado grupo, o que certamente faz pensar em 1 Pedro, mas em nenhum momento se podem perceber traços que aproximem os destinatários de ambos os escritos. Muito pelo contrário: se em 1 Pedro os destinatários são claros, seja quanto à região em que habitam, seja quanto a seu perfil social, em 2 Pedro a formulação é genérica, abrangente, não permitindo nenhuma identificação mais precisa (2Pd 1,1). Além disso, o conteúdo de ambas as cartas é muito distinto, parecendo até que a segunda tem o objetivo de corrigir algumas perspectivas indicadas na primeira, como veremos adiante.

Podemos com muita tranqüilidade descartar a origem petrina desta carta. É quase unânime a avaliação de que em 2 Pedro temos mais um caso de pseudepigrafia. Que a carta não provém de Pedro, isso já era afirmado pelos escritores cristãos dos primeiros séculos. Na verdade, seu estilo literário é muito próximo aos escritos eclesiásticos do século II. As referências à vida de Pedro, como sobre a sua morte (2Pd 1,14; cf. Jo 21,18-19) e a transfiguração (2Pd 1,16-18, dependente do relato de Mateus), só querem dar um caráter mais verossímil ao escrito. Aliás, a maneira como o escrito se refere à morte do apóstolo faz em muito lembrar 2 Timóteo. Estamos diante de um texto com tom de testamento.

Todos esses dados, se por um lado não permitem atribuir a carta a Pedro, por outro exigem que pensemos em uma data muito posterior para seu surgimento. E aí surgem mais três elementos que pedem nossa consideração. Primeiramente, em 2 Pedro 3,2 se colocam em paralelo as palavras dos profetas e o mandamento dos apóstolos (e o autor não parece estar no meio destes). Esse texto faz lembrar Efésios 2,19-22 e supõe uma época em que os apóstolos, já mortos, gozam de uma autoridade reconhecida e consolidada no seio das comunidades.

O segundo argumento é particularmente importante. Em 2 Pedro 3,15-16 são mencionadas "as cartas de nosso irmão Paulo", sobre as quais há controvérsias, acontecendo aquilo que o autor chama de "distorção". Esse dado supõe que as cartas de Paulo já estejam sendo colecionadas e servindo de escritos orientadores para um conjunto maior de Igrejas, para além daquelas comunidades para as quais cada uma das cartas foi escrita. Note-se que as cartas de Paulo são referidas no texto com as "demais Escrituras", o que indica um reconhecimento particular que estão recebendo. Também isso supõe tempo. Deve-se acrescentar, no tocante a esse tema, que a linguagem da carta ao se referir a tais preocupações doutrinais também faz lembrar as cartas pastorais. Toda essa problemática em torno dos escritos paulinos faz pensar no movimento de Marcião, que, por volta de 140, propunha que só fossem aceitas como escritos cristãos legítimos as cartas de Paulo (e nem todas que circulavam com seu nome.). De toda forma, 2 Pedro é testemunha de que as polêmicas em torno de Paulo foram contínuas nesses tempos.

Mas o detalhe mais surpreendente encontrado em 2 Pedro é que principalmente seu capítulo 2 é uma retomada, corrigida, do conteúdo da carta de Judas. Faça a comparação: Judas 4 e 2 Pedro 2,1; Judas 5 e 2 Pedro 1,12; Judas 6 e 2 Pedro 2,4; Judas 7 e 2 Pedro 2,6: procure achar os outros versículos paralelos.

Por algumas razões se nota que o texto de 2 Pedro depende do de Judas, e não o contrário: o texto de 2 Pedro é mais prolixo, faz comentários àquilo que recolhe de Judas. Além disso, deixa de lado partes mais espinhosas do texto de Judas, como a citação de textos judeus cujo valor era discutido na época (Judas cita no v. 9 o livro *Assunção de Moisés* e nos vv. 14-15 faz referência aos livros de *Henoc*) e algumas referências apocalípticas. Com isso se torna mais difícil a sua compreensão. Daí que devamos, por enquanto, deixar de lado o texto de 2 Pedro e nos concentrar no texto de Judas, que parece se dirigir a uma situação cuja especificidade é mais visível. Antes disso, porém, cabe notar que por essas considerações notamos que tanto Judas como 2 Pedro se situam em passos bem adiantados da história do cristianismo primitivo. Indicam (especialmente 2 Pedro) um momento novo em que se começa a coleção de escritos normativos e referenciais para as comunidades (o caso das cartas de Paulo); de alguma maneira são testemunhas de uma mudança de perspectiva. Judas conhece as cartas pastorais (como veremos); 2 Pedro conhece as cartas paulinas, 1 Pedro, Judas, e parece conhecer Mateus e João. Principalmente no caso de 2 Pedro, importa não tanto produzir, mas mais interpretar adequadamente o legado que vem do passado e aplicá-lo às questões do presente.

A carta de Judas também pede uma data posterior à morte dos apóstolos para sua datação. Encontramos o dado mais evidente neste sentido nos vv. 17-18 que, além de se referirem aos apóstolos como um grupo passado, parecem aludir a 1 Timóteo 4,1. Trata-se, portanto, de um escrito pseudepigráfico: talvez o autor, ao recorrer à figura do irmão de Tiago, pretenda conferir particular autoridade a seu texto.

Como dizíamos, a carta de Judas parece se dirigir a uma situação bastante específica, cuja visibilidade é bem perceptível. Assim como nas cartas pastorais, o motivo da escrita é a presença de mestres considerados falsos. Os termos com que eles são apresentados (vv. 4.10.12-13.19) não permitem saber quase nada a seu respeito: o autor da carta parece mais preocupado em desqualificá-los e anunciar-lhes a destruição trágica. Para tanto, faz uma atenta leitura dos "castigos" divinos descritos na Escritura judaica e em livros que acabaram não sendo incluídos nela. A ênfase da carta de Judas recai mais no julgamento que nos adversários-alvo.

2 Pedro não faz mera cópia da carta de Judas, mas a reinterpreta, quem sabe até com a pretensão de substituí-la. 2 Pedro tem a função mais de exortar do que anunciar uma condenação iminente. Por isso, mais cauteloso, evita a menção aos textos judeus discutidos. Mas não é só isso. Além de suprimir as citações que Judas faz de livros judeus, 2 Pedro adiciona, à menção ao dilúvio, a referência ao Noé salvo. À citação que Judas fazia do destino trágico de Sodoma e Gomorra, 2 Pedro acrescenta a figura de Ló, o único que escapou. Com isso estabelece uma dialética entre condenação e salvação, atentando para a direção plural da história humana.

O caráter de distensão que 2 Pedro manifesta em relação ao texto de Judas deixa-o genérico, e fica mais difícil perceber quais são seus destinatários. Particularmente importa a nosso escrito a "crise escatológica" (2 Pd 3,1-13): o ambiente é de frustração pelo não-cumprimento das expectativas em que muita gente apostou. O autor de 2 Pedro toma distância tanto de Judas e 1 Pedro (quanto a esta, veja 1,6-8; 4,7; 5,8-10) como da posição representada por Colossenses e Efésios, segundo a qual a ressurreição já ocorreu. Ele se preocupa especialmente em enfatizar em seu público, que parece cultivar esperanças de cunho apocalíptico, a necessidade de se preocupar com o presente e com a conduta de vida. O que importa é manter-se firme no projeto de Deus, pois "o que nós esperamos, conforme a sua promessa, são novos céus e nova terra, onde habitará a justiça" (3,13).

4. A CARTA DE TIAGO

A aproximação a esta carta não pode deixar de surpreender. Estamos diante de um texto muito difícil de ser caracterizado, uma preciosidade dentro do Novo Testamento, um escrito ímpar.

Primeiramente, o texto não parece ser uma carta. Não há uma questão ou questões que motivem a escrita do texto. Ao contrário, temos o desenvolvimento de temas aparentemente esparsos, desconexos, supostamente reunidos de forma aleatória. Os temas são expostos em raciocínios rápidos. Veja, por exemplo, 1,9-11. Em nada o texto se aproxima das cartas que temos estudado. Não há questões doutrinárias em jogo ou falsos mestres a serem combatidos.

A rigor, Tiago é um texto sapiencial. Tem um veio exortativo. Alerta diante de situações do cotidiano. Sim, ele faz pensar nos textos das Escrituras, especialmente Provérbios e Sirácida, quanto ao conteúdo e ao tom do seu escrito.

Isso faz surgir uma nova questão: Tiago é um texto cristão? Se excetuarmos 1,1 e 2,1, onde existem menções explícitas a Jesus Cristo, não encontramos no texto nenhum elemento que o caracterize como "especificamente" cristão. Os temas são provenientes da sabedoria judaica, não há menção alguma ao chamado "querigma" ou a qualquer outro elemento que possa exigir do texto um contexto cristão para seu surgimento. Acresça-se a isso o fato de que a reunião do grupo a quem a carta hipoteticamente se refere é chamada (única vez em todo o Novo Testamento) "sinagoga" (2,2).

Há, contudo, dois dados que podem indicar-nos um caminho para situar esta carta. Em primeiro lugar, se não há nela algo que a defina como "especificamente" cristã (e essa questão a rigor é equivocada), encontramos muitos pontos de contato entre Tiago e textos do movimento de Jesus e dos primeiros tempos do cristianismo primitivo. A carta se aproxima das tradições sapienciais que se desenvolveram também no interior das comunidades seguidoras de Jesus. E reforça a percepção de que o cristianismo desde seus primeiros tempos foi plural e não esteve ancorado em uma única doutrina, mesmo a respeito de Jesus. Por outro lado, em Tiago vemos um texto que mostra como o cristianismo nascente tem raízes fortes fincadas na sinagoga. Com certeza a carta respira profundamente textos e tradições provenientes do judaísmo.

Mas isso ainda é vago. Afinal de contas, não há no escrito indicação alguma de que ele se preocupe, por exemplo, com prescrições rituais que motivavam tantos adversários de Paulo situados no interior do judeu-cristianismo. Onde enquadrá-lo, então? Tiago é resultado da ação profética de um judeu-cristianismo receptor criativo de ditos de Jesus, que interpreta a mensagem de Jesus tendo em vista a conduta pessoal e a organização da comunidade. Nesse sentido estaria na mesma linha da *Didaqué* (um texto muito antigo do cristianismo) e, ainda, de Mateus 18.

Como o horizonte de Tiago é ao mesmo tempo sapiencial e ético, não existe a preocupação de fazer uma reinterpretação cristológica dos ditos de Jesus que recolhe. Exatamente isso é que surpreendeu Lutero (que qualificou nosso escrito como "epístola de palha") e tantos outros. Mas nesse aspecto Tiago se aproxima do evangelho Q. A leitura de Tiago traz imediatamente à lembrança textos da tradição evangélica, especialmente ditos de Jesus lidos em Q. Paralelos têm sido notados, também, com o evangelho segundo Mateus. Não é difícil encontrar ressonâncias, por exemplo, de conteúdos do sermão da montanha ao ler a carta de Tiago. O horizonte é comum: trata-se de observar a Lei, e a tradição proveniente de Jesus não é incompatível com esse ideal; pelo contrário, conduz à Lei da Liberdade (1,25).

É o conteúdo dos ensinamentos de Jesus, não relatos de seus milagres ou de controvérsias, que é assumido. Mas é significativo notar que, com muita liberdade, os ditos são assumidos e reelaborados em perspectivas bastante novas, são recriados tendo em vista novas circunstâncias e desafios. Palavras de Jesus são soberanamente assumidas e adaptadas, e têm nova autoria, entram em nova dinâmica. As palavras de Jesus ganham vida, novos sujeitos as enunciam e por elas se responsabilizam. Elas são agora da comunidade. Veja, por exemplo, como Tiago 2,5 recupera e atualiza a bem-aventurança endereçada aos pobres.

Em segundo lugar, não há como não reconhecer em Tiago uma polêmica com alguma tradição proveniente de Paulo, no que diz respeito à relação entre fé *versus* obras. É o que encontramos em Tiago 2,14-26, contraposto ao que lemos, por exemplo, em Romanos 3,28 e Gálatas 2,16. A polêmica parece intencional, quando se repara que o texto de Gênesis 15,6, citado em Gálatas 3,6 para fundamentar a afirmação paulina da justificação pela fé, aparece em Tiago 2,23 para reforçar exatamente a idéia contrária.

Com esses dados podemos garantir a Tiago uma proveniência de grupos seguidores de Jesus; particularmente entre aqueles mais profundamente marcados pelas tradições sapienciais judaicas. E a ligação com a pessoa de Jesus não se dá prioritariamente a sua pessoa, mas por meio de uma conduta bem determinada, orientada pelos ensinamentos que vêm dele. A adesão não é apenas verbal, mas passa pela prática concreta.

Após termos procurado situar a carta de Tiago no interior do dinâmico e multifacetado cristianismo dos primeiros tempos, cabe considerar a organização do texto. Apesar das aparências sugerirem o contrário, ele tem uma lógica básica. Tiago 1,2-27 apresenta o conjunto dos temas que serão tratados no decorrer da carta em forma de síntese: o tema da paciência/perseverança (1,2-4.12-16) será desenvolvido em 5,7-11; a questão da sabedoria (1,5-8) reaparecerá em 3,13-18; a relação conflitiva entre pobres e ricos (1,9-11) será discutida em 2,1-13 e 4,13-5,6; a correção no falar e no agir (1,16-27) será o tema de 2,14–3,12. Ou seja, Tiago 1 oferece um guia dos temas que serão retomados no decorrer da carta; todos eles dizem respeito a situações muito práticas da vida pessoal, comunitária e social. A carta põe ênfase na dimensão ética da vida religiosa (veja 1,27).

Nada sabemos a respeito do lugar em que essa carta foi escrita. Alguma região próxima de Israel e da Síria talvez ajude a compreender as proximidades que notamos entre nosso escrito e o evangelho Q, bem como também com o evangelho segundo Mateus. Mas não é impossível pensar em outro lugar de forte tradição judaica e sinagogal, no Egito ou na Ásia Menor. Quanto à época, a sugestão é, mais uma vez, de que estamos diante de um texto pseudepigráfico, que se apóia na autoridade e no nome de Tiago, o irmão do Senhor e líder da comunidade de Jerusalém, que se mostrava distante das propostas de Paulo quanto ao Evangelho pregado aos pagãos (Gl 2,1-14; At 15). Provavelmente estamos diante de mais um texto surgido nos últimos anos do século I. Chama a atenção o fato de que, apesar de fortemente enraizado na tradição judaica, o texto não menciona o Templo de Jerusalém e seus rituais; talvez porque na época da escrita ele já havia sido destruído.

Resumo

O percurso por esses escritos nos oferece um panorama fascinante sobre como viveram e se desenvolveram algumas comunidades seguidoras de Jesus nos últimos anos do século I e no início do século II. A diversidade é notável, em todos os aspectos. Essas cartas representam um estágio decisivo entre a primeira geração dos grupos seguidores de Jesus, animados pela vitalidade da pregação e testemunho originários, e as preocupações com a organização eclesiástica que se manifestarão intensamente no século II, e que se podem vislumbrar claramente em escritos como as cartas pastorais ou 2 Pedro. Por outro lado, esses escritos sugerem comunidades dinâmicas, desafiadas pelas circunstâncias do cotidiano a se refazerem continuamente. Finalmente esses escritos desempenham um papel decisivo na formação do cânon do Novo Testamento. Dificilmente as cartas autênticas de Paulo teriam sobrevivido se a elas não tivessem sido acrescentadas as demais cartas surgidas de sua tradição, menos incisivas quanto ao testemunho cristão na sociedade e mais atentas à organização interna das comunidades.

Perguntas para reflexão e partilha

1) Como você avalia os testemunhos das comunidades paulinas após a morte do grande missionário?

2) Que sentido faz a proclamação de Jesus como sumo sacerdote em Hebreus? E o que sugere a imagem do "povo a caminho" encontrada particularmente em Hebreus 3,7–4,13?

3) Qual o sentido de uma proclamação como 1 Pedro 2,4-10 à gente marginalizada, sem terra e sem raízes?

4) Que atualidade tem um texto como Tiago 4,13–5,6?

Bibliografia

a) Geral

BROWN, Raymond E. *As igrejas dos apóstolos*. São Paulo, Paulinas, 1986.

LUGO RODRÍGUEZ, Raúl Humberto. "Esperem e façam o possível para apressar o dia da chegada de Deus..." (2 Pd 3,12). As cartas não-paulinas como literatura de resistência. *Revista de Interpretação Bíblica Latino-Americana* 13 (Petrópolis, 1993), pp. 40-49.

NOGUEIRA, Paulo Augusto de Souza. Multiplicidade teológica e formação do catolicismo primitivo na Ásia Menor. *Estudos de Religião* 8 (São Bernardo do Campo, 1992), pp. 35-46.

b) Sobre a tradição paulina

COMBLIN, José. *Epístola aos colossenses e epístola a Filêmon*. Petrópolis/São Leopoldo/São Bernardo do Campo, Vozes/Sinodal/Metodista, 1986.

——. *Epístola aos Efésios*. Petrópolis/São Leopoldo/São Bernardo do Campo, Vozes/Sinodal/Metodista, 1987.

——. *Paulo, apóstolo de Jesus Cristo*. Petrópolis, Vozes, 1993. pp. 171-193.

c) Sobre Hebreus

ADRIANO FILHO, José. *Peregrinos neste mundo*. São Paulo, Loyola, 2001.

VASCONCELLOS, Pedro Lima. *Como ler a carta aos Hebreus*. São Paulo, Paulus, 2003.

d) Sobre as cartas de Pedro

ELLIOTT, John H. *Um lar para quem não tem casa*; interpretação sociológica da primeira carta de Pedro. São Paulo, Paulus, 1985.

NOGUEIRA, Paulo Augusto de Souza. *Como ler as cartas de Pedro*. São Paulo, Paulus, 2002.

e) Sobre a carta de Tiago

NOGUEIRA, Paulo Augusto de Souza (org.). *Revista de Interpretação Bíblica Latino-Americana* (A carta de Tiago) 31 (Petrópolis, 1998).

TAMEZ, Elza. *A carta de Tiago numa leitura latino-americana*. São Paulo, Imprensa Metodista, 1985.

Capítulo oitavo

A NOVA HUMANIDADE

Frei Gilberto Gorgulho, op

A leitura do Apocalipse de João é fundamental para encarnar a relação entre fé e política, e para realizar o testemunho cristão, no meio do mundo em conflito, como práxis de libertação. Pois o Apocalipse mostra que a política, muito mais do que discernimento do poder, é discernimento e realização da práxis de libertação e resgate da vida de um povo livre. O Apocalipse, ou a manifestação do julgamento de Deus no processo histórico, é revelação, testemunho e profecia (cf. Ap 1,1-3).

A revelação do julgamento de Deus, na morte e ressurreição de Jesus de Nazaré, constitui o testemunho fundamental da história humana. A ação dos discípulos consiste em continuar e atualizar esse testemunho libertador. A novidade da revelação está em anunciar que é preciso "profetizar ainda" (Ap 10,11). A ação cristã no meio do mundo em conflito é expressão dessa profecia que coloca o povo de Deus em marcha para a realização plena da vida da nova humanidade.

O livro do Apocalipse é, por isso, predileto das comunidades populares. Ali elas encontram o ânimo para a luta. Descobrem o critério para interpretar a dominação e a perseguição. Encontram, sobretudo, o caminho para enfrentar os poderes que estão na raiz da sociedade e destroem a vida de um povo livre. As comunidades percebem que o desafio está em enfrentar a "caricatura da Trindade": o Dragão, a primeira Besta e a segunda Besta. Nesse confronto, o testemunho profético é identificação e união com a vida que vem do Pai, na força do testemunho do Filho e na comunicação que é o Espírito. Pois, o testemunho de Jesus é o espírito da profecia (cf. Ap 19,10).

Essa percepção das comunidades atuais encontra eco e analogia nas primeiras comunidades para as quais o livro foi escrito e dirigido. De fato, o Apocalipse foi escrito para que as comunidades aprendessem e praticassem o discernimento da violência e da força de morte do imperialismo dominador do Império Romano, no final do século I. Com efeito, a partir do imperador Domiciano o imperialismo romano se impôs como ideologia hegemônica de dominação e de perseguição, até com a divinização do senhor (*Kyrios*) imperador.

Diante desse imperialismo era preciso discernir o que o Espírito dizia às Igrejas. Era preciso fazer a ligação entre a utopia da nova humanidade e as mediações concretas que a encarnam no processo histórico.

Nosso intento é mostrar as dimensões da nova humanidade, a partir da utopia da Jerusalém celeste (Ap 21,1-22,5). Aí se encontram os critérios para o discernimento e busca de mediações e de modelos sociais alternativos em vista da libertação e vida para o povo solidário.

1. A NOVA EVA

Apocalipse 12 mostra como irá formar-se a nova humanidade. O sinal da mulher vestida de sol é a nova humanidade que se forma a partir da vida de Jesus Cristo, morto e ressuscitado. A mulher vestida de sol é a nova Eva, tal como foi descrita em Gênesis 3,15-16.20.

A meta final será a união dos homens com Jesus Cristo, na Jerusalém celeste. A nova humanidade é a esposa do Cordeiro, com o qual realiza as bodas de uma união de vida sem fim (Ap 21,9). Antes, porém, há uma fase anterior que é a realização de todo o processo histórico, de geração em geração, até o final dos tempos. É a formação, no decorrer das gerações humanas, dessa nova humanidade, a nova Eva, esposa do Cordeiro imolado que é o segundo Adão.

Com essa imagem da nova Eva, o autor do Apocalipse faz uma leitura de Gênesis 1-11. Ele vê uma história profética de toda a humanidade. Essa história serve-lhe de eixo para apresentar a sua mensagem, por meio de um estreito paralelismo entre o primeiro Adão e Jesus Cristo anunciado como segundo Adão libertador e salvador da humanidade toda. Ora, em Gênesis 2-3, a história da humanidade se faz a partir da figura de Adão e de Eva: Adão é o Ser Vivo (Gn 2,7) e é o esposo de Eva, a Mãe dos Viventes (Gn 2,24).

A novidade está no fato de que o Ser Vivo, princípio de vida de onde surge a nova humanidade, é Jesus Cristo morto e ressuscitado. Ele é o segundo Adão, princípio da verdadeira vida para a humanidade. Esta não se encontra mais na situação de dominação e de morte. Sua história não terminará na confusão de Babel (cf. Ap 17-19), como aconteceu com a humanidade saída do primeiro Adão (cf. Gn 11). A nova humanidade chegará a participar da vida plena e a comer do fruto da árvore da vida que tinha perdido no primeiro paraíso. A nova humanidade é chamada para a vida imortal e plena (Ap 1,18; 22,2).

O primeiro Adão é também o esposo de Eva (Gn 2,24). Aí o autor do Apocalipse viu a revelação do sentido da história humana. A humanidade é a mulher, vestida de sol. Ela é, ao mesmo tempo, a mãe do Messias vencedor da morte: o Messias é homem e nasce da humanidade. Morre na cruz e ressuscita. Essa humanidade renovada pela ressurreição do Messias é a esposa do novo Adão. Assim, o sentido da história, o dinamismo da marcha das gerações, está na realização da comunhão da humanidade com o Cristo ressuscitado. O sentido da história humana é a marcha para as bodas do Cordeiro, na Jerusalém celeste. O processo de libertação do povo do poder da idolatria imperialista toma o sentido positivo de construção de comunidades vivas que encarnam as notas características da cidade esposa do Ressuscitado (Ap 19,7-9).

A nova Eva é a Mãe dos Viventes. Terá uma descendência (cf. Gn 3,15) que irá lutar contra a serpente. Mas essa descendência sairá vitoriosa nessa luta e conseguirá atingir o fruto da árvore da vida. Nessa história da Mãe dos Viventes, a nova Eva, o autor vê a humanidade em gestação no novo mundo da vida, da liberdade e da solidariedade. Isso se realiza na união que existe entre Cristo e a humanidade resgatada da dominação e da morte. Ambos nascem para a mesma vida. Participam da mesma luta e da mesma vitória. A vida, a luta e a vitória de um são a vida, a luta e a vitória do outro (Ap 12,5; 21,2.7). Pois Cristo, Filho da nova Eva que é a humanidade, lhe é tão solidário que sua vitória é vitória da humanidade (Ap 19,11.16.17). A nova Eva é o sinal do mundo novo em gestação na história a partir da ressurreição de Jesus Cristo.

2. A NOIVA DO CORDEIRO

O sentido da história está para além da história. Ele se personifica na figura da Noiva que desce do céu e é chamada a ser a esposa do Cordeiro. A nova Eva é a esposa do segundo Adão (Ap 21,2.9).

Esse anúncio se faz no conjunto de sete visões finais que contemplam a união definitiva entre o Esposo e a Esposa, na cidade perfeita. Contraposta à velha Babilônia, surge a nova Jerusalém. Ela vem do céu como cidade perfeita e ecumênica, universal, apostólica e da plena partilha da vida libertada. Assim, o anúncio da visão final da Cidade Santa toma como ponto de partida a proclamação da vitória do Ressuscitado. Apocalipse 19–21 forma um conjunto que revela o sentido final e transcendente da história, a partir da vitória de Jesus sobre a morte. Ele é o Rei dos reis, o senhor dos senhores. O sentido da história está não no imperialismo do Estado romano, mas no testemunho dos que encarnam a vitória do Ressuscitado no meio da dominação e da perseguição que destrói o povo. É a visão do céu que orienta a práxis de libertação e de luta das testemunhas contra a "caricatura da Trindade", ou os poderes do Estado que concentram as forças da economia, da política e da ideologia para constituir uma cidade idólatra e determinada pela negação da vida e da liberdade (cf. Ap 19,11; 20,1.4.11.12; 21,1.2).

De fato, Ap 19 anuncia que a palavra, guerreiro vitorioso, leva a Esposa para as bodas, na Cidade Perfeita. Ele coloca a história em marcha: ele já venceu, vence e terá a vitória final. Ele realizará a união com a sua Esposa, na Cidade Santa e Perfeita. Aí se dará a consumação do processo da libertação do povo. O julgamento da cidade idólatra e entregue à prostituição é o ponto de partida para o surgimento da Noiva do Cordeiro chamada à vida de comunhão e de liberdade (Ap 19,3).

A "prostituição" da grande cidade — o que constitui também uma tentação para as comunidades (Ap 2,14; 2,20) — consiste em organizar as relações econômicas e políticas no espírito do Dragão, isto é, na injustiça, na dominação e na destruição da liberdade. Aí nasce e se sustenta o poder imperialista que domina pelas forças militar e ideológica. As pessoas perdem a liberdade e se tornam escravas do poder e da injustiça.

O primeiro passo consiste na libertação dessas forças imanentes à história e que engendram o imperialismo idólatra. É a negação da comunhão livre, e por isso o primeiro passo consiste nesta libertação do poder do Dragão e das duas Bestas que o manifestam dentro do processo histórico.

A segunda fase é a libertação para as bodas do Cordeiro (Ap 19,3). O Ressuscitado, por sua vitória, coloca a humanidade no caminho da comunhão definitiva. Ele veio instaurar a nova Aliança cuja consumação se dará na Cidade Perfeita. O amor solidário deve penetrar em todas as estruturas e em todas as relações sociais de produção e de reprodução da vida do povo. Somente assim é que as comunidades humanas caminham para sua realização plena.

Chegou o tempo das bodas do Cordeiro. Cristo veio ao mundo, Filho da humanidade e também o seu Esposo. Ele veio para unir-se aos homens e para levá-los a viver de sua própria vida. Ele é o centro da nova Aliança e é o Senhor do processo histórico (Ap 19,16). O anúncio sobre as bodas do Cordeiro não é uma explicação neutra sobre Jesus Cristo. A figura do Esposo é a manifestação de sua realeza universal e o anúncio de sua vinda na história. Ele vem e interpela à liberdade, provoca a conversão e a mudança das estruturas dominadas pelo poder que é "caricatura da Trindade". Ele vem como Rei e como Juiz para instaurar a verdade, a liberdade e a comunhão. Ele reina dando vida plena. Coloca a humanidade, sua Noiva, em marcha para a comunhão e a unidade. Esta vinda é o fundamento da libertação da "prostituição de Babel" e a formação da vida nova de sua Esposa. O testemunho de Jesus e dos seus seguidores possui a mesma estrutura e converge para o mesmo fim: libertar as pessoas e as estruturas que exprimem a vida coletiva do povo para que vivam sob a moção do Espírito, para ser com os outros em relações humanas novas, movidas pela verdade da justiça e do amor.

Esse pólo positivo da libertação é um dom transcendente. É a novidade absoluta do dom gratuito de Deus que vem do céu e penetra nas estruturas e nos mecanismos sociais. É a realização plena da Aliança que se corporifica na figura da noiva do Cordeiro, a esposa que desce do céu (Ap 21,1-8).

Essa primeira unidade do anúncio da Jerusalém celeste mostra que o fim da história não está nas forças imanentes e dialéticas que se exprimem nos conflitos econômicos, políticos e ideológicos. Não se trata de uma simples transformação imanente. A Noiva apresenta a sua novidade por sua origem celeste que lhe confere uma novidade transcendente (Ap 21,2). Aparece no interior da nova Terra e é nova como o mundo na qual se situa. É a manifestação plena da realidade "povo": sociedade que supera a dominação, a dispersão e a morte. O povo se realiza pela participação efetiva na comunhão de vida plena. Nele se realiza a presença de Deus que acontece na ação livre e solidária do amor mútuo.

A nova Jerusalém possui, então, uma primeira qualidade: vem do céu e é inteiramente nova (Ap 21,2). Há uma descontinuidade com o mundo antigo. É uma nova criação, inteiramente gratuita, cuja origem está no poder e no amor de Deus. Esta novidade é a comunhão de um povo santo, libertado de toda sorte de mal (Ap 21,3.7-8). A Noiva é o povo santo que vem das lutas e do meio da tribulação causada pelo poder do Dragão, da Besta, que é o Estado imperialista, e da ideologia do falso profeta, que cimenta e justifica tal imperialismo. O povo santo é aquele que encarna e continua o testemunho de Jesus contra as forças da idolatria e da morte (cf. Ap 7,14-17).

Essa união entre a Noiva e o seu Esposo contém, portanto, alguns elementos básicos que constituem a perfeição fundamental da Cidade Santa (Ap 21,2):

- É a consumação plena da presença de Deus que se comunica com os homens: Ele se doa em comunhão e habita com eles (como no antigo templo e na tenda do deserto). A presença é a comunicação plena e sem limites da vida (Ap 21,3);
- Realiza-se, assim, a união plena da Aliança cuja fórmula clássica é relembrada: a união realiza-se pelo "Deus-com-eles", o Emanuel;
- Não existe mais sofrimento ou qualquer sorte de privação (Ap 21,4), pois o pecado e a morte são erradicados e o povo santo vive da perfeição de seu Esposo e tem acesso ao fruto da árvore da vida;
- A vida é comunicada plenamente e os homens tornam-se filhos de Deus, participando de seu próprio ser e realizando a vocação plena do povo-filho, como anunciavam os profetas (Os 11,1ss; Dt 14,1ss; Ap 21,5). Essa filiação é a participação plena na realidade da vitória do Messias-Rei, que é o Filho por excelência e que vence todos os inimigos. A vida na Jerusalém celeste é, pois, a plenitude da vida desse povo como sacerdotes e reis para Deus, na união com a vida e com a ação do Messias vitorioso por sua morte e ressurreição (cf. Ap 1,6; 21,7).

É a esperança dessa Cidade Santa que anima e sustenta o testemunho das comunidades: o Espírito, constantemente, lhes relembra o seu nome e lhes refaz a imagem, no interior das cidades terrestres (cf. Ap 3,12).

3. A CIDADE PERFEITA

A realidade final da história é a perfeição da cidade, o ápice da atividade humana no tempo. A história começou em um jardim, símbolo do trabalho do clã camponês sem exploração, e como a célula fundamental da sociedade livre e solidária (cf. Gn 2–3). O fim da história é a Cidade Santa e Perfeita. Ela é o quadro do novo céu e da nova terra. É a realidade plena do mundo da ressurreição, a glória da humanidade resgatada da corrupção e da morte e chamada a participar da glória do Deus Trino, no acesso à vida imortal. Esse é o anúncio da segunda parte da última visão que proclama a glória da Jerusalém celeste: Apocalipse 21,9-27.

A glória é a expressão e o sinal da função da Cidade Perfeita de abrigar e fazer existir a nova humanidade, na união da vida com o Ressuscitado. A idéia da glória — imagem que vem dos profetas (cf. Is 60; 62) — quer evocar a plenitude da perfeição e do brilho de seu ser participante do próprio ser divino (v. 11).

Os vv. 12-14 falam da estrutura básica da cidade (cf. Is 54,11; 62,6) cuja característica é o nome dos apóstolos inscritos em seus fundamentos. Depois, à maneira de Ezequiel 40,3-43, descrevem as medidas que indicam sua harmonia estável e permanente (vv. 15.17): estabilidade harmônica que evoca a eternidade da *tota simul et perfecta possessio*.[1]

Os vv. 18-21 afirmam a beleza do resplendor da glória messiânica que chega ao seu fim. Essa cidade não precisa mais de mediações, porque a vida é partilhada na visão direta de Deus (vv. 22-23). Essa perfeição é o ponto de chegada e a aspiração de todas as nações que para lá fazem sua caminhada (vv. 24-27).

A Cidade Nova, Perfeita e Santa realiza os elementos da sociedade ideal. Ela é a expressão efetiva do novo ser redimido, é a nova criação. É a plenitude da ação e dos valores humanos que se exprimem na harmonia de sua forma arquitetônica. Encontram-se aí todas as nações, as riquezas da criação e a universalidade dos povos reunidos num só povo, em Deus e em Cristo. A Cidade Nova é a sociedade perfeita, sem classes e sem mediações, no gozo pleno da vida e da santidade do próprio Deus. É a realização definitiva, sem sombras e sem obstáculos, da realidade "povo".

---

[1] "Possessão completa, simultânea e perfeita".

A nova Jerusalém pertence ao futuro. Não se manifestou ainda. Mas a visão de sua perfeição é o modelo e a medida que animam e impulsionam a vida de todas as cidades e do universo humano inteiro. Existe, porém, uma realização antecipada e misteriosa dessa cidade na vida do povo, seguidor do testemunho de Cristo, com suas características típicas: apostolicidade, catolicidade, santidade e unidade. A Cidade Santa é a realização plena dessas características que, aliás, são o fundamento de todo projeto de sociedade que quer ser a expressão e o quadro concreto da vida de um povo livre e solidário.

A perfeição da Cidade Celeste é a utopia que anima e inspira a marcha do povo de Deus na história. A função dessa visão do mundo novo é criticar os modelos atuais da vida social e procurar os meios para realizar, o mais possível, a perfeição proclamada. A crítica dos modelos e das mediações estimula os projetos e os instrumentos colocados a serviço da construção e manutenção da vida solidária do povo. As mediações devem estar a serviço da comunhão e da vida partilhada em comum, por todos, sem discriminação e sem exclusão. De fato, a característica principal é a perfeição e a harmonia. Perfeição harmônica (vv. 15-17) e esplendorosa como o próprio ser divino (vv. 18-21). A Cidade Perfeita representa o ápice da atividade humana levada à plenitude. A forma arquitetônica e as medidas evocam a função e sentido da ciência, da técnica, da arte e da cultura em vista da comunhão e da vida coletiva. Os valores humanos são assumidos e transformados na sua plenitude (cf. *Gaudium et spes*, nn. 38-39).

A comunhão se realiza na união imediata. Não há mais templo, nem mediação alguma (vv. 22-23) Todas as mediações necessárias para constituir o povo (sacrifício, clero, reis, polícia, classes, exércitos etc.) não existirão mais. Existe somente o povo, régio e sacerdotal, participando diretamente da vida de Deus, em Cristo, na força do Espírito. É a humanidade ideal que os povos procuram em suas organizações sociais e mediações institucionais. É a comunhão plena na verdade e no amor de uns pelos outros, sem nenhuma coerção, sem lei ou alguma instituição. É simplesmente a união e a comunhão com a vida de Deus e do Ressuscitado.

4. A PLENITUDE DA VIDA

No interior da nova Jerusalém, o autor apresenta a sua sétima perfeição. É a conclusão da visão do futuro (Ap 22,1-5).

De Deus vem a vida, e com a vida a paz (v. 3a). A presença de Deus (v. 3c) e a visão face a face de Deus (v. 4a) constituem como que o ato final da vida da Cidade Nova. O nome de Deus é comunicado (v. 4b). Ele será a luz (v. 5a). O paraíso é reencontrado onde o novo Adão, Esposo da nova Eva, lhe dá do fruto da árvore da vida proveniente de Deus Trino que se comunica em totalidade.

Assim, no interior da cidade está o mistério da vida em plenitude. Os homens vêem Deus diretamente, e com Ele vivem a sua vida imortal. No centro desse mundo totalmente novo está Deus: Pai, Filho e Espírito. O Espírito como um rio que vem do trono de Deus e do Cordeiro, procede do Pai e do Filho; e comunica a plenitude da vida de quem vive na unidade perfeita (vv. 1-2). Nessa comunicação podem os homens possuir a mesma vida, numa visão imediata do ser de Deus e do Ressuscitado (v. 3), sendo divinizados pelo nome divino que está inscrito em seus próprios seres.

5. A UTOPIA E O TESTEMUNHO

A visão da Jerusalém celeste é estímulo e base para o testemunho das comunidades cristãs perseguidas e dominadas pelo imperialismo do Estado romano. Aí o testemunho encontra o modelo e a medida da ação libertadora. A função social da utopia consiste em orientar essa ação para desestruturar a força imperialista do Estado e transformar a cidade prostituta em Noiva do Cordeiro.

Assim, a primeira dimensão da utopia revela a natureza e a missão do povo, na figura da Esposa. Na realidade social "povo", há algo que escapa ao alcance das ciências humanas. Existe uma realidade transcendente. O povo só se forma pelo dom da Palavra e do Espírito. O povo se constrói pelo amor que supera os conflitos e as lutas econômicas, políticas e ideológicas. Povo é comunhão que é possível pela presença e ação do Espírito no processo social. A tarefa básica do testemunho consiste em colocar essa realidade como critério da ação e da organização das forças e dos organismos sociais, pois, sendo resultado e expressão histórica do amor, o povo é um sujeito coletivo que liberta da dominação, da dispersão e da divisão, e constrói a comunhão na reprodução da vida comum.

Inspirado na utopia da Cidade Perfeita, o testemunho retira do poder a sua força coercitiva de destruição dessa vida coletiva. É a tarefa de transformar o poder em serviço de defesa e de sustento da vida, na justiça e solidariedade. As mediações e instituições políticas estão subordinadas e ao serviço do povo. É tarefa do testemunho libertar do imperialismo do Estado cujo poder enraíza-se na força do "Dragão" e manifesta sua força por meio da "segunda Besta". O testemunho desestrutura essa tríade para abrir o caminho da liberdade e da vida. O testemunho atinge o poder em suas manifestações estruturais, na sua motivação ideológica, chegando até a sua raiz antropológica mais profunda (cf. Jo 8,44ss):

- A força destruidora e violenta instala-se no poder e na estrutura do Estado que impõe a dominação absoluta, destruindo as relações de justiça e de comunhão. Esse poder faz da cidade a corporificação da "prostituição". O

- primeiro passo do testemunho consiste em atingir esse nível do poder e destruí-lo pela força da Palavra de Deus e pela promessa que vem da ressurreição (cf. Ap 19,19).
- O poder "embriaga", ou envolve a totalidade da organização e das relações sociais, por meio do cimento e da força do falso profeta, ou da ideologia (cf. Ap 19,20). Esta opera maravilhas, seduz, imprime a imagem da primeira Besta e leva a aceitar o imperialismo dominador como algo de natural e inquestionável. Faz-se mister suprimir o "espírito" que sustenta a dominação e motiva a supressão da liberdade e da vida do povo. O testemunho na luta política é basicamente uma luta ideológica que dá a dimensão social à negação da vida e da Cidade Perfeita. Essa luta ideológica manifesta as dimensões do "anti-Reino de Deus".
- É necessário, pois, levar a força do testemunho a penetrar e atingir a raiz mais profunda do imperialismo e da dominação. O importante está na destruição da força que vem do "Dragão", o pai da mentira (cf. Ap 20,1-3; Jo 8,44). O testemunho político tem uma dimensão antropológica sem a qual não se mudam e não se constroem novas relações sociais. Essa raiz está no conhecimento e no discernimento que reintegra as pessoas e torna possível a realização da comunhão que constitui a vida da Esposa do Cordeiro (cf. Rm 1,28; Ap 20,4). É assim que o Reino Messiânico começa a se manifestar desde já no processo histórico, a caminho da consumação futura.

A missão do povo de Deus consiste, pois, na realeza e na vida de um povo sacerdotal (cf. Ap 20,4.6). O testemunho atualiza o julgamento e transforma o mundo, exercendo a realeza de Cristo. Exerce a tarefa sacerdotal, destruindo e afastando a violência recíproca e tirando-a dos mecanismos e das instituições coletivas. O testemunho sacerdotal é um serviço de resgate do povo, abafado e suprimido pela força do poder e do espírito ideológico que o justifica. A liberdade é a raiz da vida que frutifica no serviço e na doação mútua, superando os germes da "segunda morte" (cf. Ap 20,6) e construindo a unidade da comunhão, característica da união com Cristo, nas "bodas do Cordeiro" que ele promete e para a qual ele convida e conduz.

Resumindo

O livro do Apocalipse, especialmente em sua segunda parte (12–22), convida as comunidades cristãs a fazerem um discernimento a respeito da dominação e da violência praticadas pelo imperialismo romano e a resistirem a ele, motivadas pela esperança da recriação da humanidade. A vitória do Ressuscitado coloca a humanidade no caminho da comunhão definitiva, por meio da nova Aliança, por Ele instaurada, cuja consumação se dará na Cidade Perfeita, a Jerusalém Celeste.

> **Perguntas para reflexão e partilha**
>
> 1) De que forma o Apocalipse ilumina a compreensão da realidade atual em termos políticos e religiosos?
>
> 2) Como a esperança pelo "novo céu e nova terra" fortalece o testemunho cristão das comunidades?
>
> 3) Que avaliação você faz da descrição de Ap 12–13?

Bibliografia

ARENS, Eduardo & DÍAZ MATEOS, Manuel. *O Apocalipse*; a força da esperança. São Paulo, Loyola, 2004.

FIORENZA, Elizabeth S. *Apocalipsis*; visión de un mundo justo. Estella, Verbo, 2003.

GORGULHO, Gilberto da Silva & ANDERSON, Ana Flora. *Não tenham medo!* Apocalipse. São Paulo, Paulus, 1977.

NOGUEIRA, Paulo Augusto de Souza (org.). *Revista de Interpretação Bíblica Latino-Americana* (Apocalipse de João e a mística do milênio) 34 (Petrópolis, 1999).

RICHARD, Pablo. *Apocalipse*; reconstrução da esperança. Petrópolis, Vozes, 1995.

CONCLUSÃO

Não podemos dizer que chegamos ao fim do caminho. Pois a finalidade deste livro é motivar para a leitura contínua de outro, o Testamento cristão, por meio do qual entramos em contato com as experiências da gente que nos precedeu na fé e no seguimento de Jesus. Mas na chegada ao fim dessa parcela do percurso, consideramos adequado rever o caminho feito e chamar a atenção para alguns de seus aspectos mais significativos. É mais um convite à continuação da reflexão e do aprofundamento sobre os textos fundantes da tradição cristã.

1. O CHÃO DONDE SURGIRAM O CRISTIANISMO E O NOVO TESTAMENTO

Principalmente os primeiros capítulos, mas também os posteriores, destacaram o ambiente e a experiência vital das comunidades no seio das quais os textos do Novo Testamento foram surgindo. Estes não nasceram prontos, mas expressam as respostas que as comunidades seguidoras de Jesus foram ensaiando e oferecendo em face dos desafios que iam aparecendo no seu cotidiano. O pano básico de fundo, a dominação imperial romana, saltou à tona em vários dos capítulos deste livro. Não podia ser diferente, visto que a cruz de Jesus não se explica sem que se perceba a violência arrogante que marcou o imperialismo romano ao longo de sua história. São relevantes também as circunstâncias específicas da terra de Israel no século I de nossa era, com seus grupos organizados, dos mais variados formatos, com as diferenciadas maneiras de resistir à dominação romana, particularmente nos anos anteriores à terrível guerra que culminou com a destruição de Jerusalém e do Templo. Sem levarmos em conta esses e outros dados a eles articulados, nossa abordagem sobre Jesus, o nascimento do cristianismo e dos evangelhos ficará inevitavelmente comprometida. O mundo das cidades gregas e da Ásia Menor, com filósofos e escravos, senhores e devotos cruzando as mesmas ruas (mas sendo percebidos com distintos olhares!), é o ambiente das comunidades paulinas e do Apocalipse. De várias formas os textos que formam o Novo Testamento sugerem discernimento a respeito da política, dos valores e das práticas vivenciados nos diversos contextos em que o Evangelho de Jesus foi pregado no século I.

2. A DIVERSIDADE CRISTÃ PRIMITIVA

Um aspecto que salta à vista quando consideramos o contexto e a história das primeiras comunidades cristãs é a enorme diversidade existente entre elas. O retrato idealizado dos primeiros capítulos dos Atos dos Apóstolos, a respeito da comunidade de Jerusalém, não nos deve levar a equívocos. A diversidade, derivada já da multiplicidade de comunidades, espalhadas por tantas regiões, se manifesta em diversos campos:

a) na maneira de considerarem a figura de Jesus e o sentido de seus ensinamentos, reelaborados criativamente e de forma variada em cada situação;

b) no jeito de a comunidade se organizar internamente, seja quanto a ministérios, seja quanto a rituais;

c) na maneira de se definir a relação com o mundo externo, ou seja, o Império Romano em geral e as diversas instituições locais, a sinagoga, por exemplo;

d) na forma de compreender o futuro, ou seja, a utopia, o que obviamente determina de maneira decisiva a percepção do presente.

Essa diversidade não era isenta de conflitos. Praticamente não há texto do Novo Testamento que não defina a posição de um determinado grupo cristão em face de outro; recordem-se, por exemplo, os casos das cartas de João, reagindo a uma determinada forma de apropriação do evangelho joanino, as tensões entre os Doze e os Sete em Atos 6–8, as polêmicas de Paulo com os judeu-cristãos e os alertas contra hereges encontrados nas cartas pastorais e ainda em outras. Mas importa ressaltar a formidável pluralidade que, em meio a tantas dificuldades, se construiu na rica experiência cristã do século I.

3. A FIGURA DE JESUS

Surpreende dar-se conta de que formas inusitadas Jesus foi percebido e vivenciado no interior das comunidades que o seguiam. Desde elaborações que salientavam mais suas palavras que sua identidade pessoal até a poderosa reflexão encontrada no evangelho segundo João, o leque de compreensões a respeito de quem era Jesus é variado, como pudemos ver já no primeiro capítulo deste livro. Em tantos temas, a reflexão sobre quem é Jesus tomou rumos diferenciados: a sua relação com o Pai, sua encarnação, o sentido de suas palavras e ações, sua presença em meios aos pobres, sua morte violenta, sua ressurreição/glorificação. Tal constatação nos revela ao mesmo tempo dois princípios fundamentais: inicialmente a absoluta centralidade da figura do mestre galileu na vida daquelas pessoas, entendido como profeta, exorcista, sábio ou ainda curandeiro, Palavra de Deus feita carne, Messias, Filho de Deus. Essas expressões prioritariamente não indicavam polêmicas sobre a identidade de Jesus, mas principalmente definiam as formas de relacionamento das comunidades com Ele e dimensões importantes do posicionamento delas em face dos desafios da realidade. Pense-se, entre tantos exemplos, na imagem de Jesus novo Moisés tecida e experimentada no ambiente em que surgiu o evangelho segundo Mateus.

Com isso, chegamos ao segundo aspecto importante. A contínua referência a Jesus encontrada nos textos não era estéril, muito menos mera alusão. A fidelidade aos desafios que se colocavam à vida das diversas comunidades era o estímulo maior. Tomando mais uma vez o evangelho segundo Mateus como exemplo, percebemos como é praticamente impossível compreendê-lo de forma adequada se não se considera o processo de reformulação do judaísmo iniciado após a catástrofe de 70 d.C. E podemos dizer mais: a desatenção a essa realidade fez com que se alimentassem preconceitos anti-semitas a partir de frases rigorosamente circunstanciais como Mateus 27,25. A compreensão de como as comunidades recriaram a vivência do Evangelho de Jesus mostra-se decisiva à medida que nos manifestamos sensíveis aos sinais dos tempos e reconhecemos a relevância do cristianismo no início deste milênio: nossa tarefa não é muito diferente.

4. IGREJA, IGREJAS E MINISTÉRIOS

Em meio a disputas, humanas certamente, não isentas de eventual mesquinhez (veja, por exemplo, Mc 9,33s; 10,41), surgiram diferenciadas expressões eclesiais no cristianismo do século I, algumas delas testemunhadas nos textos que formam o Novo Testamento.

Fundamental em tantos textos é a percepção da comunidade local. Com o progressivo desaparecimento dos grupos itinerantes (que nunca deixaram de atuar, diga-se de passagem), são as comunidades que enraízam o cristianismo no solo de Israel, no Egito, na Grécia e Ásia Menor, na Itália. As cartas autênticas de Paulo são o maior testemunho da sensibilidade quanto à consistência e à identidade eclesial de cada uma das comunidades, aquele grupo minúsculo de pessoas reunido na casa de um Filemon proprietário ou de um anônimo nas montanhas da Galácia. Mas também os evangelhos: Mateus, o "evangelho eclesiástico", como já foi chamado, é plenamente consciente da relevância eclesial da comunidade local fundada sobre a rocha que é Pedro (Mt 16,18; 18,18). Apenas a carta aos Colosssenses e, principalmente, aquela intitulada como "aos Efésios" deixam um tanto de lado as peculiaridades locais das diversas comunidades, para abordá-las como componentes de um mosaico, cuja amplitude ultrapassa de longe as possibilidades e horizontes de cada uma delas.

Ligada a essa consideração sobre a compreensão da identidade das comunidades está a percepção sobre os ministérios, seu lugar, seu exercício, sua relevância teológica. A fluidez com que os ministérios são considerados nos textos que formam o Novo Testamento deve ser compreendida tendo como pano de fundo o processo, certamente não linear, mas repleto de atalhos, idas e vindas, de institucionalização do cristianismo primitivo. Como diz Guy Bonneau,

> a liberdade e a possibilidade de acesso às manifestações espirituais, a acolhida dos pequenos e fracos, assim como a radicalidade do engajamento no discipulado do Senhor, são [...] elementos aos quais se ligavam os profetas cristãos do século I. Contudo, esses elementos estão comprometidos, ao menos em parte, pela organização e pela decorrente luta pelo poder. [...] Esta trajetória não é linear. Ela utiliza regularmente atalhos onde, inesperadamente, ao sair de um desvio, aparecem de novo os profetas. Entretanto, à medida que o tempo avança, sua presença se torna cada vez mais rara.[1]

De toda forma, um rápido sumário pode ser útil para uma visão do conjunto. No mundo das comunidades paulinas a percepção é mais facilitada. Ao quadro variado dos ministérios suscitados pelo Espírito, descrito em 1 Coríntios 12,28, contrapõe-se o desenho estático que encontramos nas cartas pastorais, onde os ministérios, exercidos quase exclusivamente por homens, praticamente exigem que estes sejam anteriormente veneráveis chefes de família, respeitados na sociedade. Os profetas, a que se faz menção no livro do Apocalipse, e visionários como o próprio João, certamente não cabem no interior das comunidades, organizadas rigidamente se seguem o esquema proposto pelas cartas pastorais.

Por outro lado, o evangelho segundo João parece expressar a história de uma comunidade que resistiu por um bom tempo a ceder a propostas de cunho hierarquizante; veja, nesse sentido as poderosas imagens eclesiais do rebanho, cujas ovelhas ouvem a voz do Ressuscitado (Jo 10,1-18), e da vinha, cujos ramos devem estar atados a Ele (Jo 15,1-17), presente pela ação do seu Paráclito (Jo 14; 16). Os conflitos internos e externos a ela, como a exclusão da sinagoga e as tensões daí decorrentes (veja Jo 9,22; 12,42; 16,2) e os choques entre grupos rivais no seu interior (como se pode depreender das cartas), levaram a comunidade, ou parte dela, a aproximar-se de Igrejas mais estruturadas, construídas sobre a memória de Pedro (veja Jo 21), chegando perto do modelo eclesial proposto por Inácio de Antioquia, que confia aos oficiais, vigias e anciãos a direção da comunidade.[2]

E o que dizer do povo sacerdotal de 1 Pedro? E ainda do reino de sacerdotes do Apocalipse? Ou a "sinagoga" de Tiago? O fato de o Novo Testamento testemunhar esses e outros movimentos no interior do cristianismo

---

[1] BONNEAU, Guy. *Profetismo e instituição no cristianismo primitivo.* São Paulo, Paulinas, 2003. pp. 14.16.
[2] Não custa citar novamente a ampla e respeitada reconstrução histórica da trajetória da comunidade joanina: BROWN, Raymond E. *A comunidade do discípulo amado.* São Paulo, Paulus, 1984. Veja também seu *As igrejas dos apóstolos.* São Paulo, Paulus, 1986.

primitivo e apresentar tantos modelos eclesiais possíveis, com variada avaliação sobre as formas de organização interna e de reconhecimento dos ministérios, é, certamente, um valioso subsídio para todos quantos estão comprometidos com a renovação eclesial proposta pelo Concílio Vaticano II, que recuperou e trouxe à tona o conceito um tanto esquecido de "povo de Deus" para definir a Igreja, seja na sua configuração universal, seja no reconhecimento das identidades eclesiais particulares, locais e regionais.

5. "ESTÃO NO MUNDO, NÃO SÃO DO MUNDO" (Jo 17,14s)

A particular conjuntura vivida pelas primeiras gerações cristãs é, como vimos, o contexto fundamental a partir do qual se devem ler os textos do Novo Testamento. Mas é preciso também perceber o que tais textos nos comunicam sobre a compreensão que as comunidades tinham da realidade política e social na qual viviam. Vamos tomar como eixo da rápida síntese que ofereceremos as percepções, expressas em alguns textos, a respeito do Império Romano.

Já foi dito que se quisermos recuperar a força da hostilidade que opôs Jesus e seus primeiros seguidores ao imperialismo dominante, talvez devamos recorrer primeiramente não aos evangelhos, mas ao Apocalipse de João.[3] Como vimos no capítulo oitavo (pp. 129ss) dedicado a esse livro, ele oferece um duro quadro da realidade política hegemônica e exige das comunidades discernimento dramático e prática condizente. Particularmente João 12 e 13 chamam a atenção quanto a isso, não fazendo nenhum tipo de trégua ante a realidade monstruosa e demoníaca, pretensamente divina, do imperialismo.

Diante desse quadro verdadeiramente apocalíptico, outras expressões a respeito da mesma temática poderiam parecer tênues ou por demais concessivas. A leitura equivocada, mas corrente nos séculos, de Romanos 13,1-7, aliada à tão equivocada compreensão de Marcos 12,17 ("devolvam a César o que é de César..."), projetou sobre as primeiras gerações cristãs a imagem de dóceis e silenciosas súditas do imperialismo romano, insensíveis a sua tirania, despreocupadas da política nos seus variados aspectos. Diante dessa impressão generalizada, e portadora de inúmeras conseqüências na práxis cristã atual, cabe reforçar o poder do símbolo da cruz: Jesus foi uma das vítimas da *Pax romana*. Posturas mais tolerantes, e até simpáticas, ao domínio romano se encontram aqui e ali dentro do Novo Testamento, mas nem de longe constituem a expressão mais significativa do posicionamento das primeiras comunidades seguidoras de Jesus. A per-

---

[3] "Pode ser [...] que o Apocalipse de João tenha resguardado melhor a orientação original da mensagem de Jesus num sentido político do que o fizeram outros textos do Novo Testamento" (BERGER, Klaus. *Qumran e Jesus*; uma verdade escondida? Petrópolis, Vozes, 1994. p. 30).

cepção de que a boa notícia trazida e inaugurada por Jesus implicava necessariamente um discernimento concernente à política, e particularmente ao imperialismo, foi muito mais clara à maioria dos primeiros cristãos e cristãs do que podemos imaginar à primeira vista.

6. NOVOS CÉUS E NOVA TERRA (2Pd 3,13)

No tocante à escatologia, também podemos observar uma diversidade importante de compreensões, bem como algumas tendências. À parte a discussão sobre o caráter apocalíptico da pregação de Jesus, algo em que os especialistas se dividem frontalmente, podemos perceber a incisiva expectativa apocalíptica de Paulo (expressa, é verdade, com mais vigor em seus escritos mais antigos, como 1 Tessalonicenses), que se inspira em referenciais muito próximos aos refletidos no Apocalipse: o fim está próximo; a identificação do Jesus assassinado na cruz com o Filho do Homem vindouro de Daniel 7 animou comunidades várias, como as do Apocalipse e aquela subjacente ao evangelho segundo Marcos. Textos há, contudo, que procuram como que corrigir essas expectativas assim acentuadas; recorde-se, por exemplo, a revisão radical a que 2 Pedro submete as esperanças expressas em 1 Pedro.

Já o evangelho segundo João, ao menos em uma etapa anterior à sua redação final, é fortemente ancorado no que se chamou "escatologia realizada": a presença de Jesus na vida da comunidade e a acolhida, por parte desta, de sua palavra, são a garantia de que o novo irrompeu definitivamente na história humana (Jo 5,24). Mas 1 João relativizará essa percepção, ao recolocar a perspectiva de futuro no horizonte da comunidade (e talvez seja em virtude dessa inflexão que o próprio evangelho joanino recebeu acréscimos como Jo 5,28-29). A obra lucana, por outro lado, relativiza concepções de matiz apocalíptico acentuando o desafio do testemunho cristão ao subverter e refazer a história humana (At 1,8).

Subjacente, contudo, às diversas concepções (e outras há, no Novo Testamento, não elencadas nesse breve panorama), cabe salientar o caráter fundamentalmente escatológico do cristianismo primitivo e, portanto, dos textos que em seu ambiente surgiram, se entende por escatologia "um não profundamente explícito ao sim profundamente implícito com o qual costumamos aceitar as circunstâncias normais da vida, os pressupostos da cultura e os dissabores da civilização".[4] A esperança por novo céu e nova terra, formulada e compreendida de tantas maneiras, é marca fundamental daqueles grupos, feitos em sua maioria de gente desqualificada e

---

[4] Crossan, John Dominic. *O nascimento do cristianismo*; o que aconteceu nos anos que se seguiram à execução de Jesus. São Paulo, Paulinas, 2004. p. 301.

empobrecida, que se recusaram a aceitar que a história humana tinha chegado ao fim, ou ao auge, com o governo dos Césares imperiais.

7. UMA VIDA NA ALIANÇA

O termo "aliança" não tem, no Novo Testamento, a mesma centralidade que encontra na Bíblia Hebraica. No entanto, a realidade de sua experiência por parte das comunidades é patente nos textos. A memória da Ceia do Senhor, elaborada com referência ao sangue da aliança de Êxodo 24, materializou para várias comunidades neotestamentárias a promessa lida em Jeremias 31,31-34 (veja, entre outros, Mc 14,24). Essa mesma promessa, da nova aliança, está citada explicitamente em Hebreus 8,8-12 e funda a compreensão da vida e morte de Jesus proposta nesse escrito: a aliança por ele mediada se baseia na misericórdia e na lei do coração, o que fará efetivamente que se reconstrua o povo de Deus.

Daí que seja inevitável perguntar em que termos essa aliança foi percebida e vivida. Afinal de contas, trata-se não mais de uma nação definida pela pertença a uma única terra, compreendida a partir de linhagens genealógicas, mas sim de comunidades marginais dispersas por tantas regiões do Mediterrâneo. O que para elas significava a vida na aliança?

Apenas uma indicação, para orientar a continuidade da reflexão. Nesse cenário específico, a certeza da aliança se materializou na convicção da eleição, por parte de Deus, dos pobres e marginalizados. Textos díspares em tantos aspectos, como o evangelho Q (como sabemos, assumido em Mateus e Lucas; veja Lc 6,20; 10,21-22), 1 Coríntios (1,26-29), 1 Pedro (2,4-10) e a carta de Tiago (2,5), evidenciam a parcialidade divina em favor dos miseráveis empobrecidos pela política imperial. A certeza de que a salvação não vem do império e das instituições com ele compactuadas, a esperança da realização das promessas da Escritura e o testemunho vital do Nazareno eram indicativos mais que suficientes para a busca dos novos caminhos e contornos de que a aliança haveria de se revestir.

VOCABULÁRIO

Ágape: amor na língua grega; caridade; Deus é Amor (1Jo 4,7); entre os primeiros cristãos a ceia do Senhor.

Apocalíptica: termo que designa um gênero literário de profetas (Is 34–35) e de sábios que anunciam a vinda do Reino de Deus (Dn 2; 7). É o conjunto de textos nos dois Testamentos (e fora deles) que descreve de maneira literária particular essa vinda. O termo deriva do nome do último livro do Novo Testamento, o Apocalipse (que significa "revelação").

Apócrifo: termo que designa textos que por várias razões não constam entre os livros da Bíblia Hebraica e do Novo Testamento.

Carismático: termo derivado do grego *cháris* (que significa "graça"), indica uma pessoa que tem um dom especial do Espírito Santo para o bem de toda a comunidade (1Cor 14,1ss). O termo é utilizado na sociologia para designar pessoas dotadas de autoridade e reconhecimento por parte dos demais em função exclusivamente das qualidades e méritos pessoais (Gerd Theissen qualifica os primeiros seguidores ambulantes de Jesus como "carismáticos itinerantes).

Casa: mais que a residência comum das pessoas, para o Novo Testamento a casa é fundamental por ser o espaço das reuniões comunitárias. A dinâmica das comunidades, suas celebrações e sua inserção, em Israel e no mundo greco-romano, dependem em grande parte de seu enraizamento nas casas.

Comma joanino: expressão referente a 1 João 5,7s, que em alguns manuscritos de certa antigüidade aparece com uma referência explícita à Trindade, o que é considerado uma glosa marginal introduzida posteriormente no texto acréscimo posterior: "Pois existem três que testemunham *no céu: Pai, Verbo e Espírito Santo, e estes três são um; e existem três que testemunham na terra*: o Espírito..." (o *comma* é o que se encontra em itálico).

Dedicação (Festa da): nome de uma festa dos judeus usada simbolicamente em João 10,22-30.

Diáspora: termo grego que significa "dispersão", refere-se geralmente às comunidades judaicas que, por força de várias circunstâncias históricas (exílios, migrações), se desenvolveram fora da terra de Israel. Essa rede de comunidades foi decisiva para a rápida expansão do cristianismo.

Escatologia: anúncio das realidades finais da história humana e da vida pessoal: a Vinda do Reino de Deus, a morte e a ressurreição (Jo 5,19-29).

Evangelho: termo que significa "boa-nova". Utilizado na propaganda imperial, desde Paulo e Marcos indica a apresentação de Jesus na forma da proclamação oral e denomina narrativas a respeito de sua vida, morte e ressurreição. É o anúncio da boa notícia da salvação (Mc 1,14-15).

Feitiço: termo que alude à ideologia no seu sentido negativo. É a ideologia que procura justificar a organização social injusta e destruidora da dignidade das pessoas (referente a situações como poder, dinheiro, posição social, sexo, raça etc.).

Glória (Livro da): segunda parte do evangelho segundo João (13–20) que narra a morte e a ressurreição de Jesus como a volta para o Pai.

Helenistas: eram judeus que tinham vivido fora da Palestina e haviam adotado certa cultura grega e dispunham em Jerusalém de sinagogas particulares onde a Bíblia era lida em grego (At 6,1-2).

Heresia: originalmente significando "escolha", e daí "facção", "grupo", em grego, o termo passou a designar aquele grupo que não compartilhava de determinadas convicções consideradas fundamentais por outro. Várias cartas do Novo Testamento (as pastorais, as cartas de João) foram escritas com o fim de combater e questionar grupos tidos pelos autores delas como heréticos.

Ideologia: conjunto de idéias e valores que justifica o poder e a dominação de um grupo social sobre outro.

Jâmnia (ou Yabné): cidade em que teria ocorrido, alguns anos após a Guerra Judaica (66-73 d.C.) e a destruição de Jerusalém (70 d.C.), uma assembléia de fariseus visando reorganizar o judaísmo. As decisões dessa assembléia estariam na origem de algumas tensões nas comunidades cristãs, refletidas principalmente nos evangelhos segundo Mateus e João.

Jerusalém (celeste): descrição do mundo celeste, a vida de Deus que é o fim definitivo da história da salvação (Ap 21–22).

Judaizantes: ou "judeu-cristãos" eram grupos de judeus que aderiram ao cristianismo e não viram nisso motivo para abdicarem de suas tradições ancestrais. No Novo Testamento, a figura mais representativa desses judaizantes é Tiago, "o irmão do Senhor" (Gl 1,18).

***Koinonia*:** "comunhão" na língua grega.

Martírio: originalmente "testemunha", é nesse sentido fundamental que tal palavra aparece em várias passagens do Novo Testamento (veja, por exemplo, At 1,8).

***Midraxe*:** processo desenvolvido pelos rabinos judeus e encontrado em vários textos do Novo Testamento, destinado a descobrir significados novos e/ou ocultos nos textos da Escritura, atualizando-os, dessa forma, para a vida da comunidade. Mateus 2,13-23, por exemplo, é um *midraxe* sobre a história de Moisés nos primeiros capítulos do Êxodo. Hebreus 3,7-4,11 é um *midraxe* sobre os últimos versículos do Salmo 95. Gálatas 4,21-31 é um *midraxe* sobre a história de Abraão, Sara e Agar.

Movimento de Jesus: expressão criada por Gerd Theissen para salientar a dimensão coletiva presente já nos inícios do cristianismo, com suas comunidades locais e os carismáticos itinerantes.

Nova Eva: nome da humanidade redimida por Jesus Cristo, Morto e Ressuscitado, o Novo Adão.

Novo Adão: título principal de Jesus Cristo Ressuscitado que é o centro de todo o livro do Apocalipse.

***Oikumene*:** termo grego que significa "o mundo na sua totalidade".

Ontológico: a realidade ou o ser das coisas (*versus* o "irreal").

Padres da Igreja: teólogos dos primeiros séculos do cristianismo.

Parusia: termo grego que significa "manifestação", referente à visita oficial do imperador; Paulo o utiliza para falar da segunda vinda de Jesus.

Pseudepigrafia: termo que designa a autoria atribuída de forma fictícia a personalidades de destaque, na maioria das vezes já falecidas.

Querigma: termo grego que significa "anúncio", no Novo Testamento indica fundamentalmente a proclamação da morte e da ressurreição de Jesus, base da pregação da Igreja primitiva em Jerusalém e depois difundida por Paulo em suas viagens.

Sapiencial: qualificativo de textos da Bíblia hebraica (Provérbios, Eclesiastes etc.) que propõem a reflexão sobre diversos aspectos da existência. Nesse sentido, também textos (ou partes deles) do Novo Testamento podem ser qualificados como sapienciais; por exemplo, a carta de Tiago.

Setenta (Tradução dos): tradução da Bíblia Hebraica feita para uso das comunidades judaicas que falavam a língua grega. Na maioria das vezes, as citações da Escritura no Novo Testamento são extraídas dessa tradução.

Sinais: gestos de Jesus que revelam que Ele é o Messias Filho de Deus. O livro dos Sinais é a primeira parte do evangelho segundo são João (1–12).

Taumaturgo: termo que designa o curandeiro popular.

Tendas: nome de uma festa dos judeus usada simbolicamente em João 7–8 para dizer que Jesus é a revelação definitiva de Deus.

Utopia: termo grego que descreve um ideal feliz para a vida humana e a humanidade toda.

BIBLIOGRAFIA GERAL[1]

AGUIRRE, Rafael. *Del movimiento de Jesús a la Iglesia primitiva*; ensayo de exégesis sociológica del cristianismo primitivo. Estella, Verbo Divino, 2001.

BROWN, Raymond E. *Introdução ao Novo Testamento*. São Paulo, Paulinas, 2004.

FIORENZA, Elizabeth S. *As origens cristãs a partir da mulher*; uma nova hermenêutica. São Paulo, Paulus, 1992.

HORSLEY, Richard A. & SILBERMAN, Neil A. *A mensagem e o Reino*; como Jesus e Paulo deram início a uma revolução e transformaram o mundo antigo. São Paulo, Loyola, 2000.

KÖSTER, Helmut. *Introducción al Nuevo Testamento*. Salamanca, Sígueme, 1988.

MAINVILLE, Odette (org.). *Escritos e ambiente do Novo Testamento*; uma introdução. Petrópolis, Vozes, 2002.

MALINA, Bruce. *El mundo del Nuevo Testamento*; perspectivas desde la antropología cultural. Estella, Verbo Divino, 1995.

PIÑERO, Antonio (ed.). *Orígenes del cristianismo*; antecedentes y primeros pasos. 2. ed. Córdoba/Madrid, El Almendro/Universidad Complutense, 1995.

——. *Fuentes del cristianismo*; tradiciones primitivas sobre Jesús. Córdoba/Madrid, El Almendro/Universidad Complutense, 1993.

STEGEMANN, Ekkehard & STEGEMANN, Wolfgang. *Historia social del cristianismo primitivo*; los inicios en el judaísmo y las comunidades cristianas en el mundo mediterráneo. Verbo Divino, Estella, 2001.

VASCONCELLOS, Pedro Lima & SILVA, Valmor da. *Caminhos da Bíblia*; uma história do povo de Deus. São Paulo, Paulinas, 2003.

VENETZ, Hermann-Josef. *Foi assim que a igreja começou*; um olhar sobre o Novo Testamento. Aparecida, Santuário, 1995.

VOUGA, François. *Los primeros pasos del cristianismo*; escritos, protagonistas, debates. Estella, Verbo Divino, 2001.

---

[1] Apresentamos aqui apenas alguns títulos não mencionados nos diversos capítulos do livro. Eles são úteis para o aprofundamento dos conteúdos aqui expostos, seja em relação ao Novo Testamento como um todo, seja em relação a algumas de suas partes.

SUMÁRIO

APRESENTAÇÃO DA COLEÇÃO 5

PREFÁCIO 9

Capítulo primeiro. COMO PODEMOS CONHECER JESUS? 13
   1. As escolas 14
   2. A busca 15

Capítulo segundo. NO TEMPO DOS CÉSARES 19
   1. Guerras em nome da paz 19
   2. A César o que é de César? 20
   3. Resistências 21
   4. Grupos e correntes religiosas em Israel 23
   5. Fora de Israel 25
   6. Conclusões 25

Capítulo terceiro. AS COMUNIDADES CRISTÃS PRIMITIVAS 29
   1. As diversas Igrejas 31
   2. O anúncio do Evangelho e a unidade cristã 34

Capítulo quarto. O MOVIMENTO DE JESUS E A TRADIÇÃO SINÓTICA 39
   1. "Os fatos ocorridos entre nós" (Lc 1,1) 39
   2. "Quando entrarem numa casa..." (Lc 10,5):
      A prática do movimento de Jesus 41
   3. As tradições sobre Jesus 42
      3.1. "Ele fala com autoridade" 42
         a) Bem-aventuranças 43
         b) Parábolas e alegorias 45
      3.2. As narrações sobre Jesus 47
         a) Paradigmas 48
         b) "Atos de poder, prodígios e sinais" 48
         c) Os relatos da morte e ressurreição 49
         d) As origens do Messias 51
   4. Teologia da redação dos evangelhos 53
      4.1. A redação dos evangelhos sinóticos 54
      4.2. A redação do evangelho segundo Marcos 55
      4.3. A redação do evangelho segundo Mateus 57
         a) O mundo da comunidade de Mateus 58
         b) Escrevendo um evangelho 61
         c) Eixos fundamentais do evangelho segundo Mateus 62

    4.4. A redação do evangelho segundo Lucas e dos Atos dos Apóstolos 64
        a) O mundo da comunidade de Lucas 64
        b) A organização da obra 67
        c) Eixos principais da obra lucana 69

Capítulo quinto. O EVANGELHO E A TRADIÇÃO JOANINA 75
  1. A tradição do discípulo amado 75
    1.1. O discípulo amado 75
    1.2. A comunidade 76
  2. O Evangelho do discípulo amado 78
    2.1. A Palavra viva de Deus 79
    2.2. O Messias da Nova Aliança 79
    2.3. O julgamento libertador 80
    2.4. O testamento de Jesus 80
    2.5. A hora da morte e ressurreição de Jesus 81
    2.6. A vida e missão da Igreja na história 82
  3. Cartas de João 82
    3.1. 1 João 82
    3.2. 2 João 84
    3.3. 3 João 85

Capítulo sexto. PAULO: APÓSTOLO DOS POVOS 89
  1. O encontro com Cristo 90
  2. Um mundo sem liberdade 91
  3. A cronologia das cartas paulinas 92
  4. O evangelho de Paulo 92
    4.1. A novidade: 1 Tessalonicenses 92
    4.2. O conflito: Gálatas 92
    4.3. O discernimento: 1 e 2 Coríntios 93
    4.4. A nova prática: Filipenses e Filemon 93
    4.5. A vida nova: Romanos 93
  5. O Evangelho para a Europa 94
  6. O Evangelho da liberdade 95
    6.1. A teologia da carta 96
  7. A sabedoria cristã 97
    7.1. Uma nova sabedoria 97
    7.2. A força do Evangelho 99
    7.3. Superar as divisões 99
    7.4. A ressurreição do corpo 100
    7.5. O ministério da liberdade 101
  8. O caminho dos pobres 101
  9. A vida nova no espírito 102
    9.1. A vida em harmonia (Rm 12–15) 103
    9.2. Os ministérios na Igreja de Roma 104

Capítulo sétimo. **MEMÓRIAS E DESAFIOS: OS CAMINHOS DAS COMUNIDADES E AS DEMAIS CARTAS DO NOVO TESTAMENTO** 107
   1. Nos caminhos abertos por Paulo 109
      1.1. A segunda carta aos Tessalonicenses 109
      1.2. As cartas aos Colossenses e aos Efésios 109
         a) Carta aos Colossenses 110
         b) Carta aos Efésios 112
      1.3. As cartas pastorais 115
   2. A carta aos Hebreus 116
   3. As cartas de Pedro e Judas 119
      3.1. 1 Pedro 119
      3.2. Judas e 2 Pedro 122
   4. A carta de Tiago 124

Capítulo oitavo. **A NOVA HUMANIDADE** 129
   1. A nova Eva 130
   2. A noiva do cordeiro 131
   3. A cidade perfeita 134
   4. A plenitude da vida 135
   5. A utopia e o testemunho 136

CONCLUSÃO 139
   1. O chão donde surgiram o cristianismo e o Novo Testamento 139
   2. A diversidade cristã primitiva 140
   3. A figura de Jesus 140
   4. Igreja, igrejas e ministérios 141
   5. "Estão no mundo, não são do mundo" (Jo 17,14s) 143
   6. Novos céus e nova terra (2Pd 3,13) 144
   7. Uma vida na aliança 145

VOCABULÁRIO 147

BIBLIOGRAFIA GERAL 149

SIGLAS

CELAM	Conferência Geral do Episcopado Latino-Americano
CNBB	Conferência Nacional dos Bispos do Brasil
DZ	H. Denzinger & A. Schönmetzer, editores da obra *Enchiridion Symbolorum* (definições e declarações relativas à fé e à moral)

Em geral, os outros documentos foram citados por extenso.

ABREVIATURAS

VV.AA.	vários autores
art.	artigo
c.	capítulo
cf.	confrontar, ver também
ed.	edição
Ibid.	ibidem, mesma obra
Id.	idem, mesmo autor
n.	número
op. cit.	obra citada anteriormente pelo mesmo autor
p. / pp.	página / páginas
p. ex.	por exemplo
s / ss	seguinte / seguintes (p. ex.: pp. 40s = pp. 40 e 41; pp. 49ss = p. 49 e seguintes)
trad.	tradução
v.	volume

Impresso na gráfica da
Pia Sociedade Filhas de São Paulo
Via Raposo Tavares, km 19,145
05577-300 - São Paulo, SP - Brasil - 2016